Sylvia Mayrhofer

W0316363

Was raschelt da im bunten Laub?

Sylvia Mayrhofer

Was raschelt da im bunten Laub?

Herbst in der Kita
Spiele, Lieder, Geschichten und Aktionen

Mit Illustrationen von Irene Sarre

HERDER

FREIBURG · BASEL · WIEN

MIX
Paper from responsible sources
FSC® C010798
FSC www.fsc.org

www.herder.de

Umschlaggestaltung: SchwarzwaldMädel, Simonswald
Umschlagbild und Illustrationen: Irene Sarre, Freiburg
Lektorat: Pia Haferkorn, Freiburg

Satz und Gestaltung: Arnold & Domnick, Leipzig
Herstellung: Graspo CZ, Zlín
Printed in the Czech Republic

ISBN 978-3-451-32452-9

Inhalt

Spiellieder

Geschichten

Bewegungsgeschichten

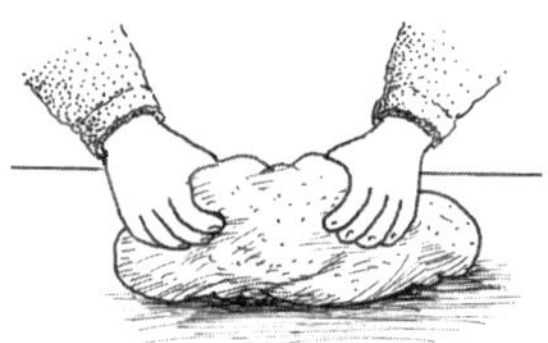

So ein Theater!

Spielen und lernen

Vorwort

Der Herbst lädt uns mit seiner farbenfrohen Fülle dazu ein, die Natur bewusst und aktiv zu erleben. Er beschert uns goldene Sonne, aber auch frischen, manchmal stürmischen Wind und neblig kühle Tage. So vielfältig und anregend wie der Herbst sind auch die Spielideen und Angebote in diesem Buch – sie sollen Ihnen zur Inspiration und als praktische Hilfen bei der Gestaltung der Herbstzeit in der Kita dienen.
Die hier zusammengestellten Bewegungsspiele, Geschichten, Lieder und kreativen Lern- und Gestaltungsangebote sind praxiserprobt und leicht umsetzbar. Sie sprechen alle Sinne an und orientieren sich eng am Erleben der 3–6-Jährigen.
Allen gemeinsam ist das Prinzip der ganzheitlichen Pädagogik, insbesondere das der ganzheitlichen Sprachförderung: Geschichten werden mit Bewegung, Rhythmik, Musik und Rollenspiel verbunden und bei zahlreichen Spielen findet gezielte Wortschatzförderung quasi nebenbei statt.
Kindgerecht gestaltete Arbeitsblätter wecken die Neugier der Vorschulkinder, fördern selbstständiges Arbeiten und bieten auf spielerischer Ebene sinnvolle kognitive und feinmotorische Übungsmöglichkeiten.
Die vielfältige Auseinandersetzung mit den Besonderheiten der Jahreszeit und das Feiern des Erntedankfests fördern das Umweltbewusstsein und die Naturverbundenheit der Kinder und beziehen auch Brauchtum und christliche Traditionen mit ein.
Zum Einstieg ins Thema sollen Ihnen drei Vorschläge für Elternbriefe mit unterschiedlichen Themenschwerpunkten als inhaltliche Anregung dienen.

Ich wünsche Ihnen viel Freude beim Stöbern in diesem Buch und beim Ausprobieren der vorgestellten Ideen. Vor allem aber eine aktive, genussvolle und fröhliche Herbstzeit mit den Kindern!

Sylvia Mayrhofer

Den Herbst mit allen Sinnen erleben

Liebe Eltern,

der Herbst ist da! Goldener Sonnenschein, frischer Wind und reife Früchte locken uns nach draußen. Spaziergänge im Herbst sind immer ein intensives Erlebnis für alle Sinne:

Wir sehen die herbstliche Farbenpracht und lassen bunte Drachen steigen, hören und spüren den Wind und raschelndes Herbstlaub unter den Füßen, schmecken reife Brombeeren und saftige Äpfel. Beim Sammeln von Blättern, Samen und Früchten können die Kinder erfahren, wie diese heißen und wie sie sich in Form, Farbe, Beschaffenheit und Duft unterscheiden.

Am schönsten ist es, wenn Groß und Klein gemeinsam die bunte Herbstwelt entdecken und genießen – nutzen Sie auch zu Hause dazu jede Gelegenheit!

Viel Spaß und sonniges Drachenwetter wünscht Ihnen

Ihr Kita-Team

Der Apfeltag

Liebe Eltern,

am ... wollen wir einen ganzen Tag lang den Apfel als leckere, gesunde und vielseitige heimische Herbstfrucht feiern. Wir werden gemeinsam Apfelkompott herstellen, Apfelschalentee kochen und Apfelkuchen backen.
Sie sind herzlich eingeladen, uns dabei tatkräftig zu unterstützen und vor allem anschließend mit uns zu genießen und zu feiern – mit Liedern, Spielen und Geschichten rund um den Apfel und einem Theaterstück, das die Kinder für diesen Tag einstudiert haben. Bitte tragen Sie sich in die aushängenden Listen ein, ob sie bereits ab 14 Uhr als Helfer/in dabei sein werden und/oder ab 16.00 Uhr zum Fest kommen.

Wir freuen uns auf Sie!

Ihr Kita-Team

Elternbrief

Erntedank

Liebe Eltern,

nächste Woche feiern wir das Erntedankfest. Nachdem wir übers Jahr das Keimen, Wachsen und Blühen der Pflanzen und das Reifen der Früchte im Garten und auf dem Feld miterlebt haben, wollen wir nun auch unserer Freude und Dankbarkeit zur Erntezeit Ausdruck geben.
Unser selbst gebackenes Brot und die Äpfel, die wir beim Bauern ernten durften, wollen wir zusammen mit weiteren Erntegaben in einem schön geschmückten Korb zur Erntedank-Feier in der Kirche mitnehmen.
Wir freuen uns über einige Feld- und Gartenfrüchte, die Sie den Kindern im Laufe der Woche mitgeben können, und laden Sie ein, mit uns am Sonntag, den ... zu feiern. Treffpunkt ist um ... Uhr vor der Kirche.

Mit herbstlichen Grüßen

Ihr Kindergartenteam

Arbeitsblatt

Rätselbild

Viele kleine Bildchen helfen Dir, das große Bild zu Ende zu zeichnen. Nimm einen Stift und verbinde jedes Bildchen mit seinem Doppelgänger.

Wer dreht sich dort am Himmel zum Tanz
und wackelt lustig mit dem Schwanz?

Arbeitsblatt

Obstgarten

1. Nimm einen Stift und verbinde alle Apfelbäume miteinander. Beginne bei dem Baum mit einem Apfel und ziehe die Linie zu dem mit zweien, von dort weiter zu dem mit dreien usw. Die Linie endet beim Baum mit sechs Äpfeln. Mache danach das gleiche mit den Birnbäumen – oder lade eine Freundin oder einen Freund ein, das Arbeitsblatt mit Dir zusammen zu bearbeiten.

2. Nimm Farbstifte und einen Würfel und los geht's! Du darfst immer so viele Äpfel oder Birnen ausmalen, wie es der Augenzahl auf dem Würfel entspricht. Auch diese Aufgabe kann man alleine oder zu zweit bearbeiten.

Arbeitsblatt

Drachentanz

Zeichne die tanzenden Drachenschwänze, indem Du die gepunkteten Linien in verschiedenen Farben nachziehst.

Bewegungsspiel

Drachentanz

Zur Vorbereitung auf die feinmotorischen Schwungübungen des Arbeitsblattes bietet sich eine spielerische Lockerungsgymnastik für Schulter-, Ellbogen- und Handgelenke an.

Material: Für jedes Kind ein Rhythmiktuch

Vorbereitung: Die Schwungtücher im Bewegungsraum auslegen.

So geht's:

1. Jedes Kind darf ein Tuch aufnehmen und die wirbelnden Bewegungen eines Drachen im Wind nachahmen:

2. Beginnen Sie mit großen, hin- und herschwingenden und anschließend mit kreisenden Vorwärts- und Rückwärtsbewegungen der Arme aus dem Schultergelenk, so dass die Tücher weit umherflattern (rechten und linken Arm abwechseln).

3. Nun folgen kreisende Bewegungen aus dem Ellbogengelenk, mit denen das Tuch – sowohl mit der linken, als auch mit der rechten Hand – neben und vor dem Körper, und auch über dem Kopf herumgewirbelt wird.

4. Den Abschluss bilden kleine Kreiselbewegungen aus dem Handgelenk, mit denen die Kinder (ebenfalls abwechselnd rechts und links) das Tuch sowohl im Uhrzeigersinn als auch dagegen rotieren lassen.

Arbeitsblatt

Herbstschlange

Du brauchst Buntstifte und einen Würfel. Es dürfen immer so viele Herbstsymbole angemalt werden, wie Augen auf dem Würfel zu sehen sind. Wenn mehrere Kinder mitmachen, wird reihum gewürfelt und gemalt.

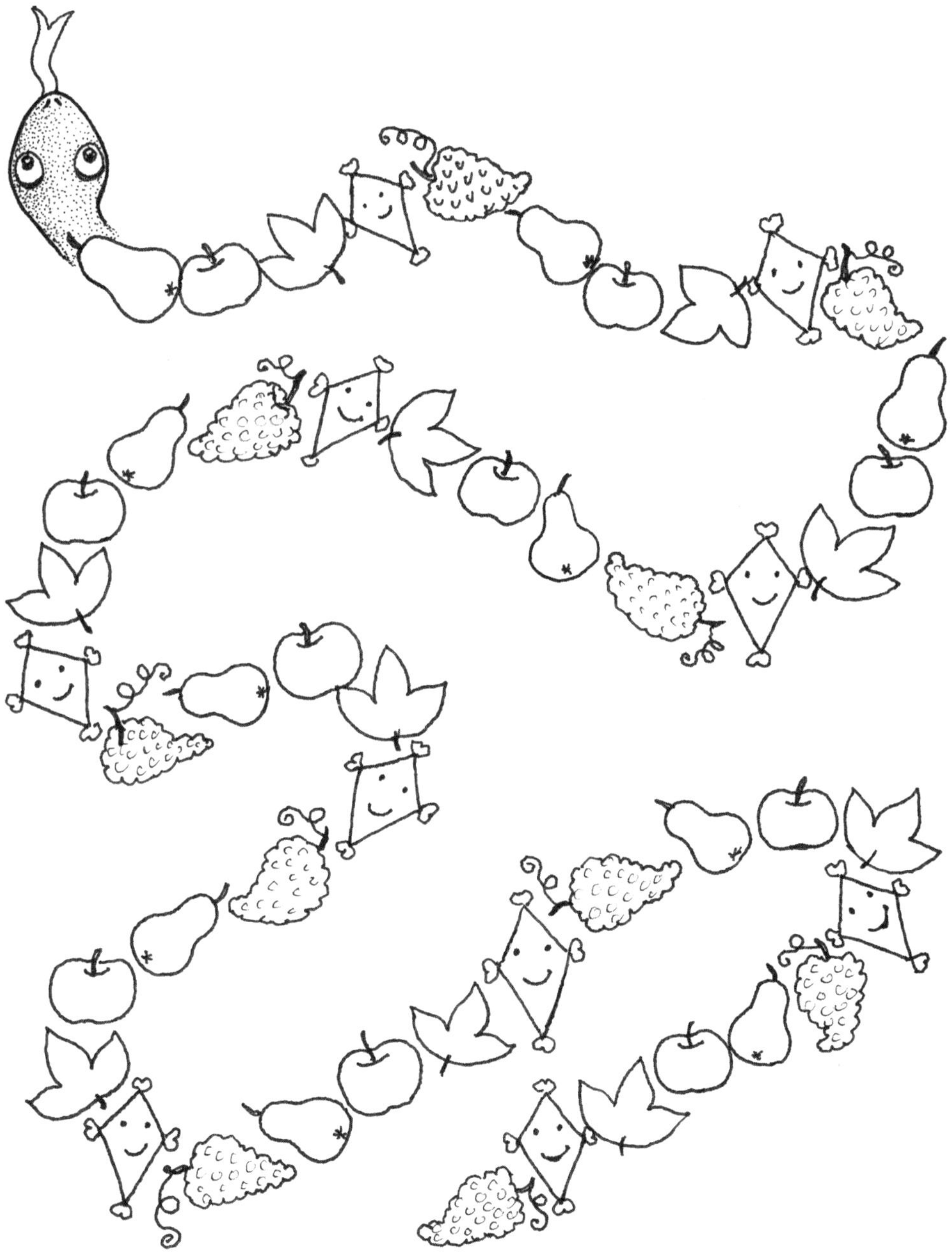

Arbeitsblatt

Birnbaum

Male die großen Birnen gelb, die mittleren braun und die kleinen grün an.

Arbeitsblatt

Apfelspirale

Male die Spirale von der Mitte aus nach. Zuerst mit einem grünen, dann mit einem gelben und zum Schluss mit einem roten Stift.

Malgeschichte

Birne

Zeichne einen kleinen Berg,

darunter einen See.

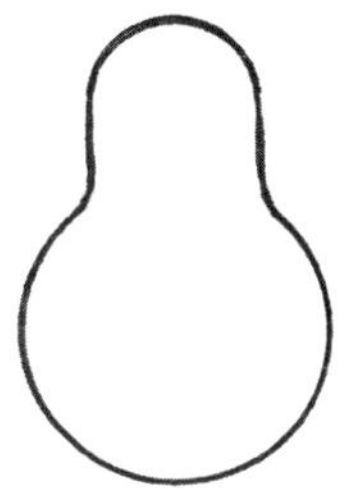

Ein kleiner Stiel sitzt obenauf,

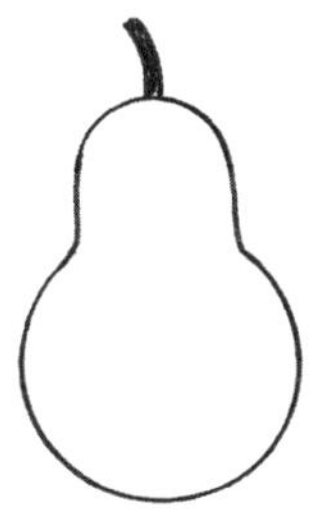

mit einem grünen Blatt darauf.

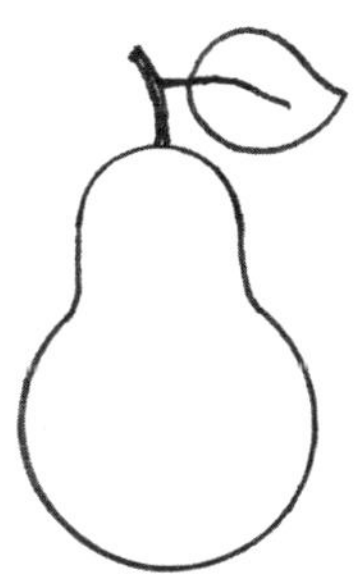

Den Stempel malst du unten dran,
fertig ist die Birne dann!

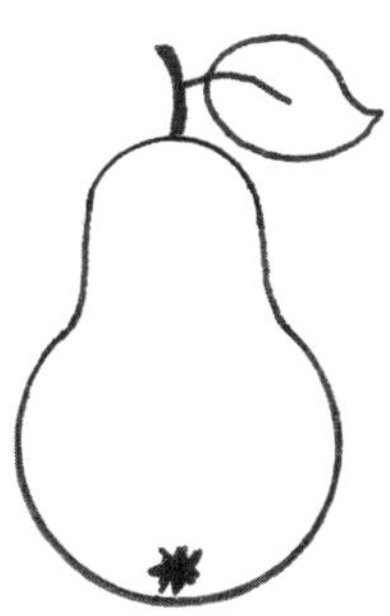

Malgeschichte

Maus

Ein großer Kreis
als dicker Bauch,

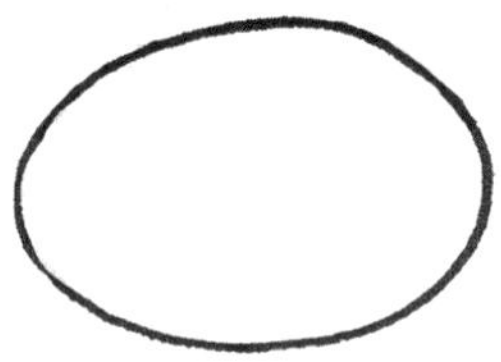

zwei kleine Kreise
braucht es auch.

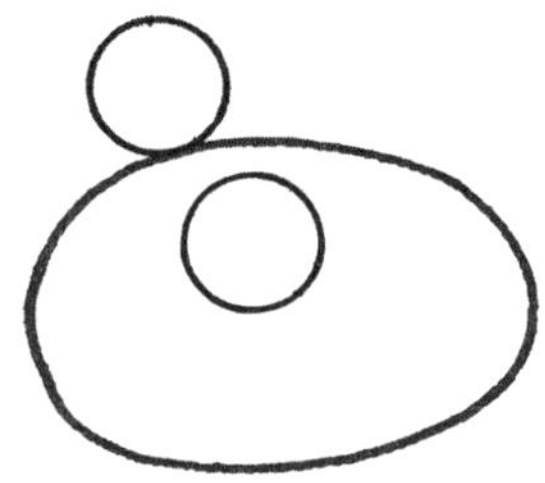

Das spitze Näschen
mit dem Bart,

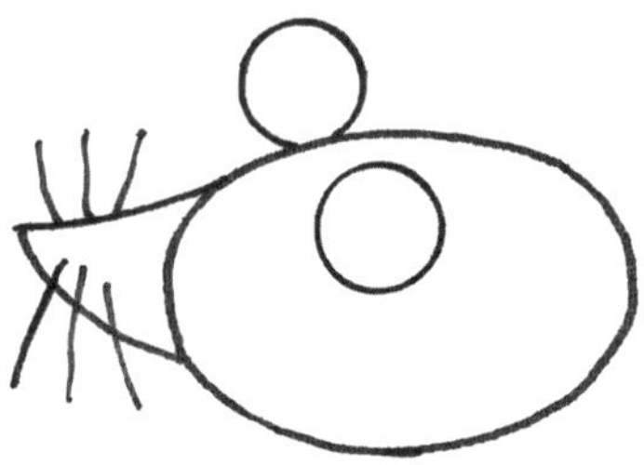

zwei schwarze Äuglein,
klein und zart.

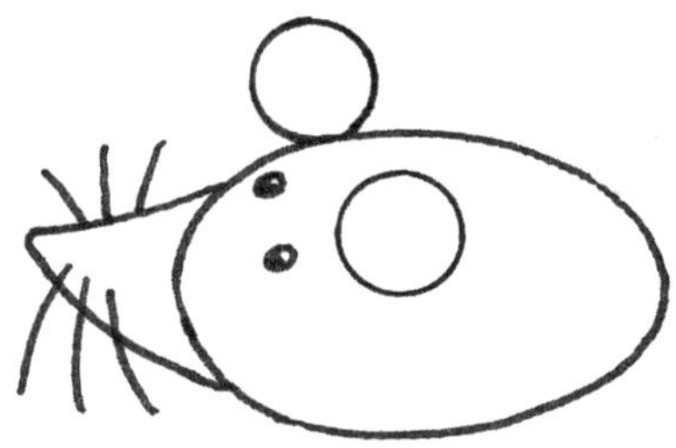

Vier Beinchen und
ein lustiger Schwanz –
auf geht's jetzt zum Mäusetanz!

Fingerspiel

Kleiner Drachen, flieg!

Lustig flattert der Drachen im Wind,	Einen Arm hochheben, die Hand „flattert“.
er schwebt auf und ab geschwind.	Die Hand auf- und abbewegen.
Bänder, grün, rot, gelb und blau *zappeln und winken von oben, schau!*	Die Finger zappeln lassen.
Jetzt bläst der Wind mit voller Kraft.	Mit vollen Backen pusten.
Der Drachen will fort – *ob er es wohl schafft?*	Die Hand wild tanzen lassen; evtl. hinterm Rücken verstecken.

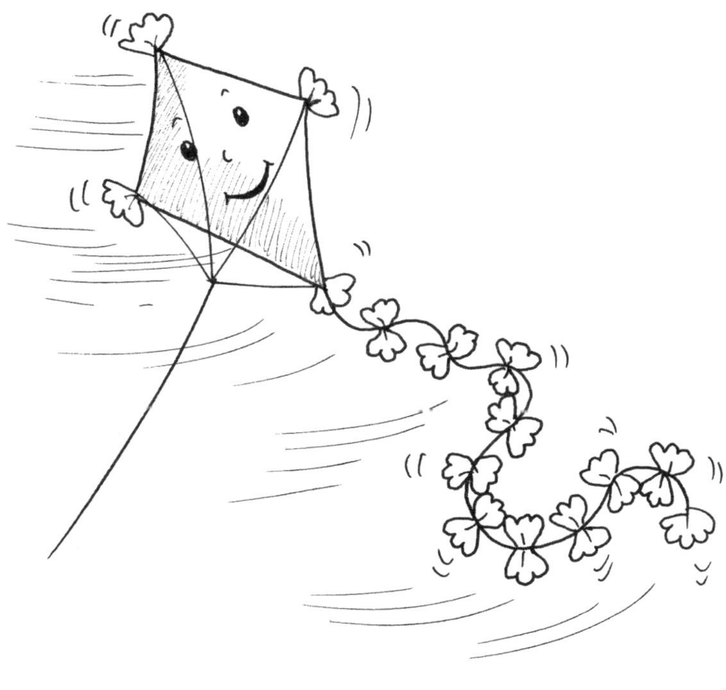

Fingerspiel

Emilio Maus

In einem kleinen, alten Haus *lebte einst Emilio Maus.*	Mit den Händen ein Dach bilden.
Er trippelte und trappelte, *lief rauf und runter, zappelte,*	Die Finger der einen Hand auf der anderen auf- und abzappeln lassen.
naschte Käse und Speck.	Mit den Fingern die Haut zupfen.
Dann kam die Katze *und Emilio war weg!*	Die Hand hinter dem Rücken verstecken.

Fingerspiel

Zehn Kartoffeln

10 *Kartoffeln in der Erde schliefen.*

9 *von ihnen nach oben riefen: „Erntet uns, wir sind jetzt reif!“*

8 *schimpften: „Wir faulen, holt uns doch raus!“*

7 *fuhr der Traktor nach Haus.*

6 *kamen in den Keller, zu Karotten und Zeller*.*

5 *wurden für Mittag hergerichtet,*

4 *von ihnen in die Pfanne geschichtet.*

3 *wurden in den Ofen geschoben.*

2 *hörten die Mutter gar loben: „Oh, ihr schmeckt ganz wunderbar!“*

1 *sagt: „Ist diese Kartoffelgeschichte wahr?“*

*(österr. für Sellerie)

Lied

Lache, mein Drache!

Text und Melodie: Sylvia Mayrhofer
Satz: Gertrude Lischka

Refr.:

Hui ha he, hui ha he,
lache, mein Drache!

1. *Mein bunter Geselle, du fliegst ja so schön –*
   steigst hoch und höher, bist am Himmel zu seh'n.

2. *Du wirbelst und flatterst im stürmischen Wind,*
   ich halte dich fest und laufe geschwind.

Lied

Kartoffelchen, Kartoffelchen

Text und Melodie: Sylvia Mayrhofer
Satz: Gertrude Lischka

Refr.:

Kartoffelchen, Kartoffelchen, kommst aus der Erd‘ heraus,
man trägt dich im Jutesack zu mir nach Haus.

1. *Geschält, geschnitten und gekocht,*
   wirst du von allen hier gemocht.

2. *Gebraten in Öl, bei großer Hitz‘*
   wirst du zu leckeren Pommes Frites.

3. *Mit Möhren, Pilzen, Petersil' –*
   von dieser Suppe mag ich viel.

Lied

Lieber Wind

Text und Melodie: Sylvia Mayrhofer
Satz: Gertrude Lischka

1. *Lieber Wind, du wehst mal laut, mal leise,*
   erzählst den Vögeln von deiner Reise.
   Wipfel, sie wiegen sich, Zweige verbiegen sich.
   Wind, Wind, Wind, sause geschwind!

2. *Lass' die Drachen lustig tanzen und steigen,*
   hurtig sich drehen im fröhlichen Reigen.
   Schau' nur, sie rütteln sich! Hui – und sie schütteln sich!
   Wind, Wind, Wind, sause geschwind!

Schluss:

Lieber Wind, du wehst mal laut, mal leise,
erzählst den Vögeln von deiner Reise.

Spiellied

Maus und Rübe

Text und Melodie: Sylvia Mayrhofer
Satz: Gertrude Lischka

Die Rübe im Acker streckt's Köpfchen heraus
Und denkt sich: „An mir knabbert doch 'ne Maus!" (2x)

Refr.:
„Lieber Bauer, hole mich, es wird langsam Zeit –
die Ernte ist fällig, ich bin jetzt soweit!"

Kreisspiel:
Die Kinder bilden einen Sitzkreis am Boden, sie spielen die Rüben. Ein Kind ist der Bauer und wartet außerhalb des Kreises. Ein Kind geht als Maus in die Kreismitte. Die Kinder singen gemeinsam, an der entsprechenden Textstelle beginnt das Mäusekind an einer Rübe zu „knabbern". Dieses Kind singt dann laut: *„Lieber Bauer, hole mich ...."*
Daraufhin versucht der Bauer, die Maus zu fangen.

Spiellied

Bunte Blätter

Text und Melodie: Sylvia Mayrhofer
Satz: Gertrude Lischka

Refr.:

Rot, grün, gelb – rot, grün, gelb –
rot, grün, gelb, orange und braun; (2x)

1. *Bunte Blätter liegen unten,*
   bunte Blätter gibt es heut.
   Laufen wir durch diesen Haufen,
   raschelt es – oh, welche Freud'!

2. *Bunte Blätter auf dem Boden,*
   bunte Blätter auf dem Baum.
   Sachte fallen sie von oben,
   psst – ganz leis', man hört sie kaum.

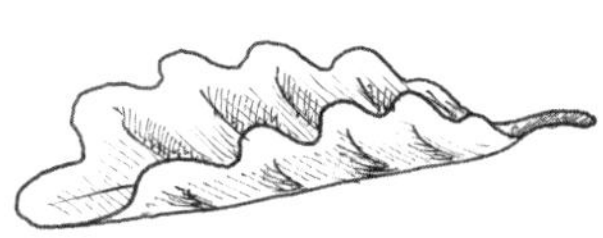

Spieltipp:

Die Kinder stehen im Kreis und singen. Zu den Strophen führen sie passende Bewegungen aus:

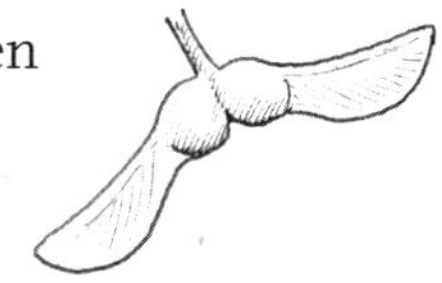

Strophe 1

Zeile 1 und 2 – beide Arme parallel zum Boden hin- und herschwenken, die Handflächen zeigen nach unten.

Zeile 3 – auf der Stelle laufen.

Zeile 4 – in die Hände klatschen.

Strophe 2

Zeile 1 – nach oben zeigen.

Zeile 2 – nach unten zeigen.

Zeile 3 – die Arme vor dem Körper von oben nach unten bewegen, dabei mit Händen und Fingern das Herunterschweben der Blätter nachahmen.

Zeile 4 – Finger auf die Lippen legen und leise singen.

Danach bewegen sich die Kinder als Blätter leise und drehend im Raum. Der Wind (z. B. ein Kind mit einer Blätterkrone und einem Blätterstab) berührt alle Kinder nacheinander ganz sacht. Wer berührt wurde, sinkt langsam zu Boden und bleibt mit geschlossenen Augen still liegen. Der Wind und die tanzenden Blätter bewegen sich vorsichtig, damit sie nicht über die „schlafenden“ Kinder fallen. Liegen alle Blätter still am Boden, klatscht der Wind in die Hände und alle Kinder springen auf.

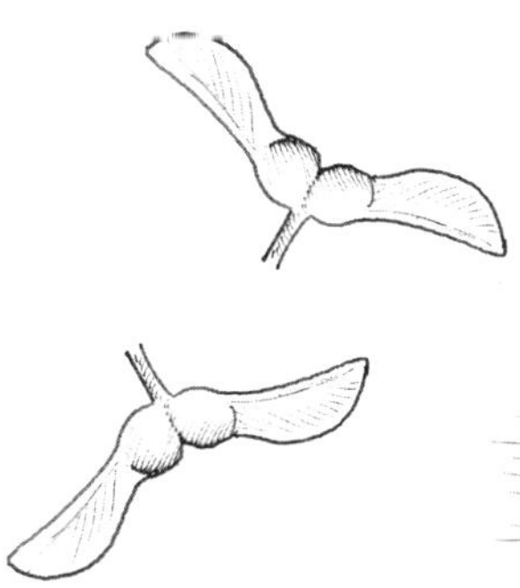

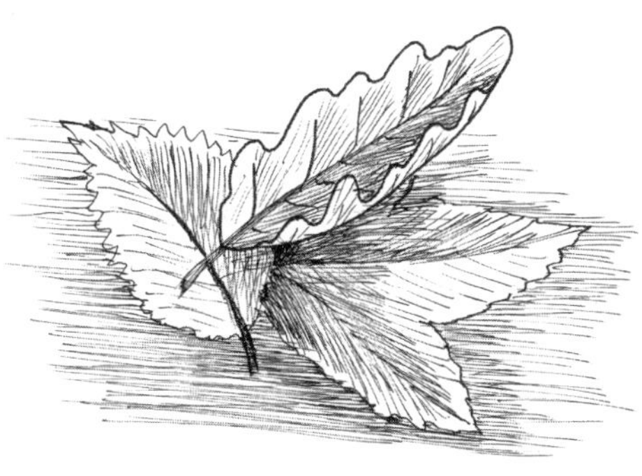

Geschichte

Der Apfelbaum

Hinter einem windschiefen alten Haus stand ein Apfelbaum mit großen, saftigen, süßsauren Äpfeln. Jeden Tag wurde der Apfelbaum von einer kleinen, weißhaarigen Frau geschüttelt. Dabei plumpsten immer viele reife Äpfel in das weiche Gras und die alte Frau sammelte mit einem freudigen Lächeln die Äpfel in einen Korb. „Mmhh“, hörten die Amseln im Garten die alte Frau rufen. „Da werden sich meine Enkelkinder aber freuen – heute Nachmittag gibt es einen süßen, saftigen Apfelkuchen!“

Den ganzen Spätsommer über schenkte der Baum seine Äpfel her und die kleine Frau machte aus ihnen Apfelkompott, Kuchen, Torten und andere Leckereien. Aus dem geöffneten Küchenfenster duftete es wunderbar von den vielen köstlichen Apfelgerichten und wenn die Kinder und Enkelkinder der alten Frau sie besuchen kamen, gingen sie danach immer mit einem zufriedenen Lächeln auf dem Gesicht nach Hause.

Eine Handvoll Äpfel ließ sich jedoch nicht vom Baum schütteln. Auch die Enkelkinder der alten Frau kamen und schüttelten kräftig an den Zweigen, aber diese Äpfel ließen einfach nicht los. Sie leuchteten prächtig in die letzten, bunten Herbsttage hinein und freuten sich. Allerdings wurden die Tage immer kürzer, kühler und nebliger und bald begannen die Äpfel zu jammern: „Warum haben wir nicht losgelassen – wir wären inzwischen ein süßes, warmes Apfelkompott. Stattdessen müssen wir jetzt bitterlich frieren.“

Dieses Wehklagen der Äpfel in den Zweigen hörte die Amselmutter und sie zwitscherte mit lockenden Rufen ihre Familie herbei. Genüsslich knabberten sie alle einige Tage an den Äpfeln und füllten sich Stück für Stück ihre kohlrabenschwarzen Bäuchlein. Die Äpfel waren darüber sehr glücklich, denn im warmen Amselbauch brauchte nun keiner von ihnen mehr zu frieren.

Geschichte

Der Zauberdrachen

Im Spätherbst bastelte Tim mit seinem Papa einen Drachen. Sie saßen mehrere Nachmittage daran, und als er endlich fertig war, hatte Tim ihm noch gelbe Basthaare angeklebt und ihn mit bunten Schleifen geschmückt. Das Schönste an dem Drachen aber war das lustige Gesicht, das Tim ihm aufgemalt hatte, mit leuchtend roten Backen und einem großen, lachenden Mund. Leider brach aber der Winter so schnell herein, dass Tim den „Wolkenreiter" – so hatte er seinen Drachen getauft – nicht mehr steigen lassen konnte. Deshalb landete er erst einmal auf Tims Kleiderschrank.

Die Monate kamen und gingen, schließlich war es wieder Herbst geworden. Tim war an diesem Tag ein bisschen traurig und hatte keine Lust nach draußen zu gehen. Er saß an seinem Schreibtisch und schaute gedankenverloren aus dem Fenster, als er auf einmal eine ungeduldige Stimme hörte: „Lass mich fliegen, lass mich fliegen!" Die Stimme kam vom Kleiderschrank. „Der Drachen!" Jetzt fiel Tim wieder ein, dass sein Wolkenreiter ja noch immer auf seinen ersten Flug wartete. „Aber seit wann kann ein Drachen sprechen?", dachte er.

Tim wusste ja nicht, was im Sommer in einer Vollmondnacht geschehen war: Der Drachen hatte sich im Mondlicht auf wunderbare Weise in einen Zauberdrachen verwandelt. Der Wolkenreiter konnte mit seinem fröhlichen Lachen nun etwas ganz Besonderes vollbringen. Tim war der erste, der das zu spüren bekam. Als er seinen Drachen vom Schrank herunterholte, fühlte er sich augenblicklich ganz froh und leicht. Er klemmte ihn sich unter den Arm und konnte es kaum erwarten, ihn hoch in den Himmel steigen zu sehen. Schließlich war es soweit: Tim rannte, die Drachenschnur fest in der Hand, stolz und fröhlich über die Wiese im Park und rief: „Schaut doch, wie mein Wolkenreiter mit dem Wind um die Wette tanzt!" Allen, die nach oben schauten und Tims Drachen fliegen sahen, wurde es

auf einmal ganz leicht ums Herz. Immer mehr Leute schauten hinauf und fühlten sich beim Anblick des Zauberdrachens wie verwandelt, sodass sie danach froh gelaunt und zu jedermann freundlich durch die Stadt spazierten.
Als Tim das gemerkt hatte, überlegte er nicht lange: Er ließ den Drachen noch einmal ganz hoch steigen und schließlich ließ er die Schnur los. Der Wolkenreiter stieg hoch und höher. Tim winkte ihm zum Abschied und rief: „Flieg übers ganze Land, mein Freund, und mache alle Menschen glücklich!" Der Wolkenreiter ließ seine Schleifen im Wind flattern, zeigte Tim noch einmal sein fröhlichstes Lächeln und verschwand schließlich in der Ferne.
Wenn du also im Herbst nach draußen gehst, halte Ausschau nach dem Wolkenreiter – bestimmt kann er auch dich mit seiner Fröhlichkeit verzaubern.

Bewegungsgeschichte

Die Sonnenblume

Material: ein Tamburin

Vorbereitung: Alle Kinder kauern im Bewegungsraum am Boden verteilt als Samenkörner einer Sonnenblume.

So geht's:
Die Erzieherin erzählt die Geschichte. Zwischen den einzelnen Szenen fügt sie Pausen ein, in denen die Kinder das Erzählte mit Bewegungen nachspielen. Die Erzieherin untermalt die Bewegungen mit passenden Tamburinklängen.

Die Samen liegen still in der Erde und spüren die wärmende Sonne.	Die Kinder bewegen sich nicht (Tamburin: gleichmäßige Schläge mit langen Abständen).
Der Samen treibt aus.	Mit den Fingern und Zehen versuchen die Kinder, sich in den Boden zu krallen.
Kleine Wurzeln wachsen in die Erde	Mit Armen und Beinen windende und verdrehte Bewegungen ausführen.

Die Wurzeln werden stärker und verbinden sich fest mit der Erde.	Die Erzieherin geht von Kind zu Kind und versucht, die „Wurzeln“ (Arme und Beine) sanft vom Boden wegzuziehen. Die Kinder halten dagegen.
Das Pflänzchen beginnt zu wachsen und bekommt viele kleine Blätter	Die Kinder erheben sich ganz langsam.
Die Sonnenblume steht schlank und groß, Blätter und Blütenkopf bewegen sich leicht im Wind.	Die ausgestreckten Arme und den Kopf langsam hin- und herwiegen.
Der Wind wird zum Sturm und bläst stärker in das Sonnenblumenfeld. Er rüttelt kräftig an den Sonnenblumen.	Die Arme bewegen sich nun stärker von der linken Seite zur rechten Seite; öfters wiederholen.
Der Sturm wird zum Orkan.	Die Arme berühren rechts und links den Boden, die Kinder ächzen laut.
Das Pflänzchen ist zu einer gesunden, kräftigen und biegsamen Sonnenblume herangewachsen und hält dem Orkan stand.	Die Arme bewegen sich kräftig, schütteln sich und boxen wie verrückt in die Luft.
Der Sturm lässt nach.	Die Arme bewegen sich nur noch leicht.
Die Sonnenblume freut sich, kein Blatt im Orkan verloren zu haben.	Die Kinder zappeln lustig mit den Fingern.
Die Sonnenblume ist jetzt groß und stark, die Kerne reifen und der Blütenkopf streckt sich der Sonne entgegen.	Die Hände seitlich gegen den Körper pressen, die Schultern ganz breit machen und das Gesicht mit geschlossenen Augen nach oben richten, „die Sonnenstrahlen spüren“.

Abschluss: Nach einigen Augenblicken der Stille kündigt die Erzieherin an, dass gleich ein Tamburin-Schlag ertönt, der alle Sonnenblumen wieder in Kinder verwandelt.

Massagegeschichte

Zwetschgendatschi

Material: Je nach Raum- und Gruppengröße 1–4 Turnmatten

Vorbereitung: Die Massagegeschichte kann mit 5, 10, 15 oder 20 Kindern durchgeführt werden (Platzbedarf berücksichtigen). Die Turnmatten im Bewegungsraum mit großem Abstand von einander auslegen. Die Kinder bekommen die Aufgabe, sich jeweils zu fünft auf einer Matte zusammenzutun.

Den Kornsack groß und schwer tragen die Müllersburschen daher.	Aus jeder Gruppe legt sich ein Kind auf die Matte. Die übrigen vier heben gemeinsam die Matte hoch und tragen das Kind darauf durch den Raum.
Das Korn wird nun zu Mehl gemacht	Die Matte mit dem Kind wieder ablegen, die Längsseiten der Matte nach oben biegen und das Kind darin hin- und herschaukeln.
und danach schnell zum Bäcker gebracht.	Die Matte wird mit dem Kind weitergetragen.
Ein guter Teig soll es nun sein,	Nacheinander kneten die vier „Träger" sanft Rücken, Arme, Hände, Beine und Füße des Kindes auf der Matte.
geknetet und gewalkt gar fein.	Das Kind wird von den Vieren behutsam auf der Matte hin- und hergerollt.
Den Kuchen nun dicht mit Zwetschgen belegen	Die Handflächen mit leichten, kurzen Druckbewegungen über den Körper wandern lassen
und dann in den heißen Ofen schieben.	Das Kind auf der Matte wird von allen Seiten mit warmem Atem angehaucht.
Gar herrlich duftend kommt der Kuchen heraus,	Den Körper von der Matte rollen.

jetzt ist die Knetgeschichte aus: „Mmmhh...!"	Die Kinder machen entsprechende Geräusche und Kaubewegungen und reiben sich genüsslich den Bauch.

Die Massagegeschichte kann mit wechselnden Rollen mehrmals gespielt werden.

Massagegeschichte

Max, der Bäcker

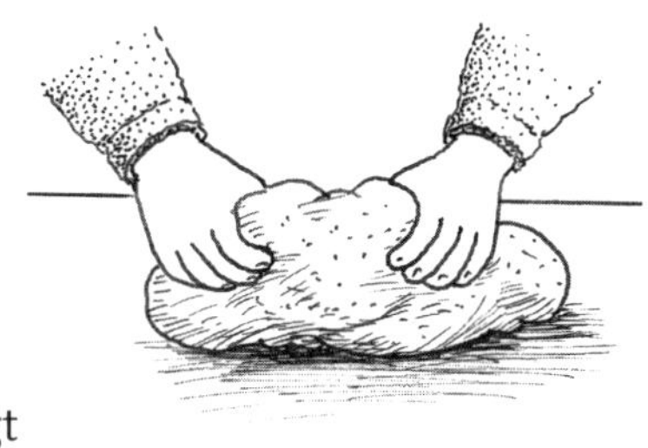

Vorbereitung: Auf dem Boden des Bewegungsraumes Gymnastikmatten oder längs auf die Hälfte gefaltete Wolldecken mit ausreichend Abstand zueinander auslegen. Jeweils zwei Kinder tun sich auf einer Decke oder Matte zusammen. Sie einigen sich, wer von beiden (zuerst) massiert wird. Das betreffende Kind legt sich bäuchlings auf die Unterlage, nimmt die Hände nach vorn und legt seinen Kopf bequem darauf ab. Sein Partner kniet seitlich neben ihm.

Der kleine Max kommt herein – in Omas Küche, oh wie fein!	Zwei Finger auf dem Rücken des Kindes spazieren gehen lassen.
Er wischt und putzt jetzt auch den Tisch, so wird er wieder rein und frisch.	Mit der Handfläche über den Rücken reiben, an manchen Stellen etwas rubbeln.
Nun stellt er Mehl und Zucker herbei – dann Butter, Milch und noch ein Ei.	Jede der fünf Zutaten wird mit dem sanften Druck einer Faust angedeutet.
Jetzt heißt es kneten, walken, rollen – wird es wohl ein Butterstollen?	Knet- und Walkbewegungen mit Fingern und Handflächen über den ganzen Rücken und die Seiten.
Max zieht und streicht den Teig schön glatt – der liegt nun auf dem Blech, ganz platt.	Mit den Handflächen den Rücken sanft ausstreichen.
Saftige Äpfel, geschnitten, ganz fein, legt Max nun auf in ordentlichen Reih'n.	Mir Daumen und Zeigefinger gleichmäßige „Reihen" auftupfen.

Bei einem zweiten Durchgang können die Rollen getauscht werden.

Die unerschrockenen Apfelringe

Material:
- ein Bananen-Karton und eine große Schere
- eine Rolle weißes Transparentpapier
- einige Tonkarton-Bögen in DIN A4
- Bastelscheren und Klebstoff
- Schaschlikstäbe oder Eis-Stiele
- eine Schreibtischlampe

Vorbereitung: Den Boden des Bananenkartons bis auf einen 10 cm breiten Rand herausschneiden, die Öffnung mit Transparentpapier überkleben. Die Schachtelbühne auf einen Tisch oder ein Regal mit Frontabdeckung stellen und von hinten ausleuchten.
Die Schattenfiguren (s. S. 38/39) auf Tonkarton kopieren (evtl. vergrößern) und ausschneiden. Haltestäbe ankleben.

So geht's: Die Erzieherin liest die Geschichte langsam und mit vielen Pausen zwischen den Sätzen vor. 2-4 Kinder knien hinter der Bühne und spielen mit den Schattenfiguren die Handlung nach.

Erzähltext:
Es war einmal ein Zauberer, der hieß „Simsalabim" und aß am allerliebsten gebackene Apfelringe. Er ging in den Keller und holte sich aus der Apfelkiste den schönsten und größten Apfel. Dann machte er sich in der Küche an die Arbeit.
Er holte Eier, Milch und Mehl und eine Prise Salz und verrührte diese Zutaten zu einem glatten Teig. Die Äpfel schälte er, entfernte das Kerngehäuse und schnitt sie in gleichmäßige runde Apfelscheiben. Dann zog er die Apfelringe durch den Teig und buk sie in heißem Fett in der Pfanne. Doch gerade als sie goldgelb gebacken waren und nur noch gezuckert werden mussten, richteten sie sich auf und rollten einfach davon! Der Zauberer lief den Apfelringen nach und jammerte: „Bleibt stehen, bleibt stehen, ich will euch verspeisen!" Aber sie waren viel zu schnell und ließen sich nicht mehr einfangen.
Sie rollten in den Wald und begegneten der Eule. Als diese die goldgelben Gesellen erblickte, rief sie: „Juuhuu, ihr Apfelringe, bleibt stehen! Ihr seht gar köstlich

aus, ich will euch fressen!“ Sie jedoch antworteten: „Der Zauberer Simsalabim konnte uns nicht fangen und du, Eule Riesenauge, kriegst uns auch nicht!“ Rasch rollten die Apfelringe einfach weiter, noch viel tiefer in den Wald.
Da sprang ein Hase aus dem Gehölz und entdeckte sie. Der Hase rief: „Mhmh, wie gut ihr duftet! Apfelringe, bleibt stehen, ich muss euch einfach fressen!“ Die flinken Ringe aber riefen zurück: „Der Zauberer Simsalabim und die Eule Riesenauge konnten uns nicht fangen und du, Hase Langohr, kriegst uns auch nicht zum Fressen!“ Und so schnell sie nur konnten, rollten die Apfelringe weiter.
Plötzlich begegneten sie dem Wildschwein. Mit finsterem Blick und tiefer, Furcht einflößender Stimme rief es: „Apfelringe, halt! Bleibt stehen, ich will euch fressen!“ Die Apfelringe hatten aber keine Angst vor dem Wildschwein und antworteten wieder: „Oh, nein! Der Zauberer Simsalabim, die Eule Riesenauge und Hase Langohr konnten uns nicht fangen – und du, Wildschwein Borstenfell, du kriegst uns ganz bestimmt nicht zum Fressen!“ Und schwups, waren Sie schon wieder fortgerollt.
Die Apfelringe rollten und rollten einfach weiter und schließlich begegneten sie zwei armen Waisenkindern. Die zwei sahen ganz ungläubig auf die goldenen, herrlich duftenden Leckerbissen, die ihnen da entgegenrollten. Sie sprachen: „Liebe Apfelringe wir haben den ganzen Tag noch nichts gegessen und sind furchtbar hungrig. Bitte, dürfen wir euch essen?“ Da sprangen die Apfelringe, ihr werdet es kaum glauben, in den Korb der beiden Kinder und riefen „Ja! Von euch beiden wollen wir gerne gegessen werden.“

Die unerschrockenen Apfelringe

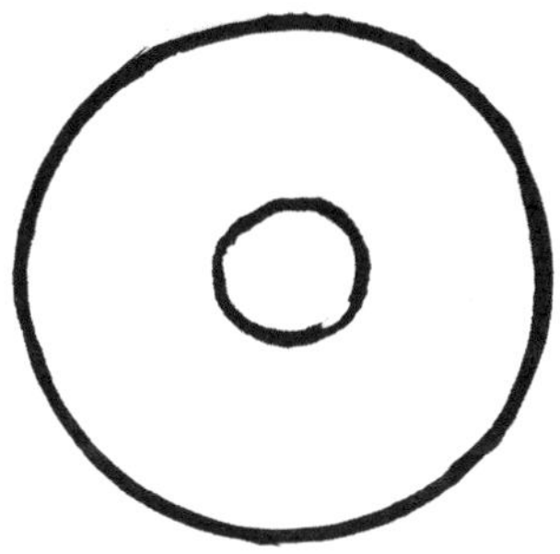

Kasperl und der Räuber Schnapp

Requisiten: Kasperl, Seppel, Räuber, König, ein Korb mit Zwetschgen

Erzähltext:

Kasperl kommt keuchend auf die Bühne: „Krawuzzi-kapuzzi – jetzt tun mir alle Knochen weh! Hallo Kinder, wartet ihr schon lange? Ich habe mit dem Seppel im Garten des Königs Zwetschgen gepflückt. Der gute König Bertram hat uns erlaubt, alle Zwetschgen von den Bäumen zu holen. Seppel und ich verkaufen sie auf dem Markt. Mit dem Geld wollen wir der alten Frau Moosberger helfen. Seit ihr Mann gestorben ist, lebt sie allein und hat ganz wenig Geld. Das Dach ihres Hauses ist kaputt. Deshalb regnet es hinein, und jetzt ist sie immer krank. Mit dem Geld vom Zwetschgenverkauf kann sie das Dach herrichten lassen und wird wieder gesund. Huudri-wuudri – ist das schön, wenn man jemanden helfen kann! Aber, wo bleibt denn der Seppel mit dem Zwetschgenkorb? Wollen wir ihn einmal gemeinsam ganz laut rufen? See-ppel, Seee-ppel ...!"

Seppel kommt erst nach längerem Rufen hinkend und stotternd herein: „Ka-Ka-Kasperl, etwas Sch-Sch-Schlimmes ist passiert! Der Räuber Schnapp hat mir ein Bein gestellt und ich bin hingefallen. Schau, mein armes Knie – es hat sooo wehgetan!"

Kasperl tröstet: „Hast du dir dein Patschefüßchen angehauen – bist ein armer Seppel! Komm, ich blas mal tüchtig drauf, dann ist es wieder gut!"

Seppel weinend: „Gar nichts ist gut! Der böse Räuber Schnapp hat mir den Zwetschgenkorb gestohlen und jetzt können wir der armen Witwe Moosberger nicht mehr helfen."

Kasperl: „Oje, oje so ein schlimmer Kerl! Seppel, ich werde mit den Kindern überlegen, wie wir den Zwetschgenkorb wiederbekommen, und du lässt dich von der Großmutter verarzten!"

Seppel: „Ja, das werde ich machen. Großmutter hat sicher einen leckeren Zwetschgenkuchen gebacken. Bestimmt gibt sie mir ein Pflaster auf das Knie und Schlagsahne auf den Kuchen – mmh!" *Seppel winkt und verlässt hinkend die Bühne.*

Kasperl greift sich auf die Nasenspitze: „Kinder, überlegt doch mal, wie wir den Zwetschgenkorb zurückbekommen. Soll ich vielleicht das Krokodil zu Hilfe rufen? Nein, es ist zu wild und frisst den Räuber. Soll ich den Räuber mit einem Lasso einfangen? Ach, ich bin kein Cowboy, so erwisch ich den Räuber nie. *(Auf die Vorschläge der Kinder eingehen.)* Ja, jetzt weiß ich's! Ich habe im Keller einen großen Sack, mit dem werde ich den Räuber einfangen!" *Kasperl geht pfeifend ab.*

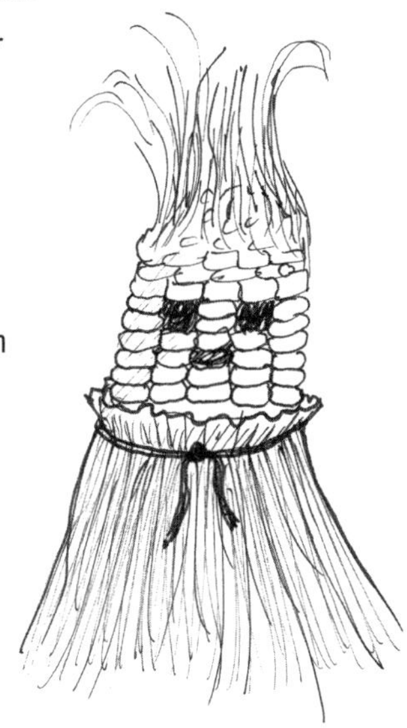

Der Räuber kommt lachend auf die Bühne: „Ho, ho, ho der große Korb mit den saftigen Zwetschgen gehört jetzt mir. Ich hab's geschafft, dem Seppel den Korb wegzunehmen. Und jetzt kann ich wochenlang süße Zwetschgen essen! Ho, ho, ho – Kinder, wisst ihr wie ich heiße? *(Die Kinder rufen laut seinen Namen).*

Ja – ho, ho! Das ist genau der richtige Name für mich, denn ich schnappe mir einfach alles, was ich haben will – ganz egal, wem es gehört! So! Jetzt gehe ich in mein Räuberhaus und mach es mir gemütlich. *Der Räuber geht lachend ab.*

Kasperl kommt pfeifend zurück: „Ich habe den Sack gefunden! Wenn ich jetzt nur wüsste, wo dieser Halunke Schnapp ist. *(Die Kinder erzählen aufgeregt, dass der Räuber hier war.)* Wisst ihr was, Kinder? Ich verstecke mich und ihr ruft den Räuber! Wenn er genau hier steht *(Kasperl zeigt auf eine bestimmte Stelle)*, werde ich den Sack über seinen Kopf ziehen." *(Die Kinder rufen laut nach dem Räuber.)*

Räuber: „Was ist? Was wollt ihr von mir? (*Während der Räuber noch fragt, zieht Kasperl ihm den Sack über den Kopf und hält ihn fest.*) Au, lass mich los, lass mich los!"

Kasperl ruft: „Nein, nein ich lass dich nicht los, du Dieb!"

Der Räuber wird ganz kleinlaut: „Bitte, bitte, bitte lass mich los!"

Kasperl: „Gibst du uns den Zwetschgenkorb zurück, und hilfst du mit, die Zwetschgen auf dem Markt zu verkaufen?"

Räuber: „Ja, ja, ich tu alles was du verlangst und will auch kein Räuber mehr sein!

Kasperl lacht: „Dann bekommst du von der Großmutter auch ein Stück Zwetschgenkuchen. Aber nicht mit Schlagsahne, sondern mit einer sauren Gurke!

Tipp: Mit den älteren Kindern können die Spielfiguren für diese Kasperlgeschichte im Vorfeld aus Maiskolben gebastelt werden.

Kasperl beim Erntefest

Requisiten: Kasperl und König, Hexe aus Maiskolben, Einladungskarte

Erzähltext:

Kasperl kommt beschwingt auf die Bühne: „Tri-tra-tralala, tri-tra-tralala ... Heute hab ich mein neues Flatterhemd angezogen! Ich habe mich besonders schick gemacht, weil ich zum Erntedankfest ins Schloss des Königs eingeladen bin. Gestern lag die Einladung in meinem Briefkasten. *(Kasperl zeigt sie stolz den Kindern.)* Im Schloss gibt es immer besonders leckere Speisen – es wird gelacht, gesungen und manchmal sogar getanzt! (*Kasperl schwenkt die Einladungskarte hin und her.)* Juhu, juhu, jo-ho-ho, ich freu, ich freu, ich freu mich so!"

Der König kommt würdevoll und spricht Kasperl mit tiefer Stimme an: „Servus Kasperl, bist du schon auf dem Weg zum Königsschloss?"

Kasperl, laut: „Ja, ja ich freu mich doch schon so auf die gute Gemüsesuppe mit den blauen Weintrauben und saftigen Pfirsichen."

Der König schüttelt den Kopf: „Aber Kasperl! Weintrauben und Pfirsiche sind doch kein Gemüse. Kinder, sagt dem Kasperl doch bitte, welches Gemüse in der Gemüsesuppe ist! Ich muss noch schnell ins Rathaus, denn ich habe vergessen den Bürgermeister zum Fest einzuladen. Wir sehen uns dann später auf dem Schloss!" (*Der König eilt weiter*)

Kasperl: „Wenn das Fest erst später beginnt, habe ich doch noch Zeit, ein Nickerchen zu machen." *(Kasperl legt sich hin, legt die Einladungskarte auf seinen Bauch und beginnt zu schnarchen.)*

Die Hexe betritt leise die Bühne: „Pst, pst wer liegt denn hier? Das ist doch der Kasperl! Was liegt denn da auf seinem dicken Bauch?" (*Sie schnappt sich die Einladungskarte und verschwindet mit einem Kichern hinter der Bühne.)*

Kasperl gähnend: „Was ist denn los?? ...Wer war da? ...Was hat sie genommen?"

(Die Kinder berichten dem Kasperl von der Hexe und dem Raub der Einladungskarte.)

Kasperl schimpft: „Na warte, du böse Hexe, dir werde ich's zeigen! Meine Einladungskarte zum Fest bekomme ich bestimmt wieder zurück! Du musst an diesem Platz vorbei, wenn du zum Schloss willst. Ich werde mich verstecken und auf Dich warten." (*Kasperl verschwindet hinter der Bühne.)*

Die Hexe kommt und kichert: „Hi, hi, hi, das wird ein schönes Fest!"

Kasperl schleicht sich an und klopft ihr auf die Schulter: "Hallo Hexe!"
Die Hexe schreit erschrocken auf: „Ui, der Kasperl, ja was machst du denn noch hier? Ich dachte du bist schon längst wieder zu Hause?"
Kasperl: „Ich will zum Fest des Königs, dort gibt es heute salzige Weintrauben und holzige Radieschen!"
Die Hexe ruft mit schriller Stimme: "Waas? Ich habe gehört, dass es auf dem Schloss süße, saftige Weintrauben und knackige, frische Radieschen gibt!"
Kasperl laut: „Na, da hast du dich getäuscht! Es gibt eine heiße Sauerkrauttorte und eine kalte Zwetschgensuppe."
Hexe: „Pfui, ich mag doch nur Zwetschkenkuchen und Sauerkraut mag ich gar nicht!"
Kasperl: „Und als Hauptspeise gibt es dann Regenwurmgulasch mit Kuhfladen."
Hexe: „Kasperl, ich habe deine Einladungskarte gestohlen, aber ich gebe sie dir zurück, denn auf ein solches Festessen kann ich verzichten!" *(Sie gibt ihm die Karte zurück.)*
Kasperl steckt sie ein und lacht: „Dich habe ich jetzt aber schön zum Narren gehalten, denn auf dem Erntefest im Schloss gibt es nur wunderbare Speisen. Der König hat die besten Köche kommen lassen, die kochen nur mit ganz frischen Zutaten. Mmmh! Eine Gemüsepizza und einen Karottenkuchen mit Zitronenglasur! Außerdem gibt es herrliche, warme Zwetschkenknödel, Schokoladeneis und noch viele andere gute Sachen zu Essen.
Die Hexe ist erbost: „Ooh, Kasperl du hast mich reingelegt! Ich ärgere mich grün und blau!" *(Sie geht schimpfend und wütend gestikulierend ab.)*
Der König erscheint wieder: „So Kasperl, jetzt kann das Fest beginnen. Der Bürgermeister und seine Gattin kommen gleich. Prinzesschen Tausendschön und das Festessen warten schon auf uns."
Der Kasperl und der König winken und rufen: „Auf Wiedersehen, auf Wiedersehen, wir wollen jetzt zum Feste gehen!"

Herr Apfel und Frau Birne

Requisiten: Ein Apfel und eine Birne, beide als Fingerpuppe dekoriert.

So geht's: In beide Früchte mit Hilfe eines Apfel-Ausstechers ein Fingerloch bohren. Apfel und Birne als Gesichter ausgestalten, z. B. mit zwei Nelken als Augen, einem Stück Karotte als Nase und einem ausgeschnittenen Mund. Je ein Stück Geschenkband als Schleife um die Zeigefinger binden und die Obsttheater-Figuren aufstecken.
Herr Apfel spricht mit langsamer, tiefer Stimme, Frau Birne mit gehobener, affektierter Stimme.

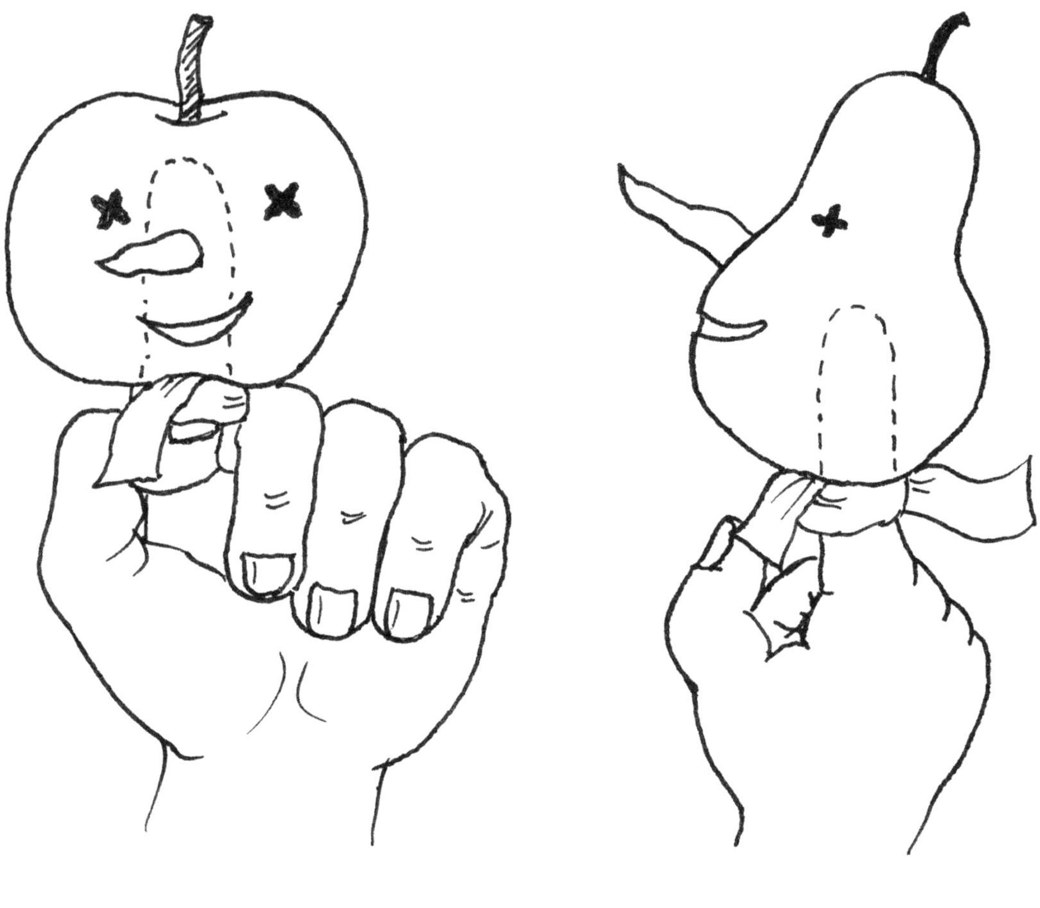

Erzähltext:

(Herr Apfel poltert auf die Bühne; Frau Birne stolziert heran.)

Hr. Apfel: „Grüß Gott, Frau Birne! Ist heute nicht ein wunderschöner Tag? Die ... (*Name der Erzieherin*) hat mich herausgeputzt! Bin ich mit meiner roten Schleife nicht prächtig anzusehen? Ich fühle mich sehr wohl und überaus elegant! Sie sehen aber auch ganz entzückend aus – fast wie eine Prinzessin!"

Frau Birne: „Hallöchen, lieber Herr Apfel, danke für das tolle Kompliment! Ich fühle mich auch her-vor-ragend. Dieser schöne Herbsttag lässt unsere Vorzüge besonders zur Geltung kommen! Schauen sie, wie herrlich zart meine goldene Birnenhaut schimmert. Ich bin in den langen, sonnigen Sommertagen schön langsam gereift. In dieser Jahreszeit jedoch bin ich immer am schönsten!"

Hr. Apfel: „Das sieht man! Mir ist es ebenso ergangen, deshalb fühle ich mich heute besonders gut und saftig süß. Nicht nur ich, sondern meine ganze Apfelfamilie schmeckt dieses Jahr besonders köstlich – es gibt einfach nichts besseres als ein süßes Apfelkompott!"

Fr. Birne, erregt: „Na, na jetzt übertreiben sie aber kräftig, Hr. Apfel! Sie brauchen gar nicht so anzugeben. Meine Familie würde sagen, Birnenkompott schmeckt doch tausendmal besser! Mit Zucker und Zitronenschale gewürzt sind wir ein Gedicht und zergehen auf der Zunge."

Hr. Apfel: „Was sie nicht sagen, Frau Birne. Uns werden Nelken Zimtstange und Zucker beigefügt und so gewürzt sind wir eine Köstlichkeit und schmecken noch viel, viel besser!!"

Frau Birne wird zornig und ruft mit lauter Stimme: „Ich weiß aber, dass die Kinder hier im Kindergarten viel lieber Birnenkompott essen!!"

Aus dem Hintergrund ertönt die Stimme der Erzieherin: „ Hallo, nicht streiten! Ich finde, ihr schmeckt alle beide wunderbar. Kinder, wollen wir aus Frau Birne u n d Herrn Apfel ein Kompott machen?"

Frau Birne und Herr Apfel rufen gleichzeitig: „Ein gemischtes Apfel- und Birnenkompott, oh wie lecker! Ich will zuerst geschält und geschnitten werden!"

Tanzspiel

Herr Apfel und Frau Birne

Text und Melodie: Sylvia Mayrhofer
Satz: Gertrude Lischka

Refr.:

Herr Apfel, patsch-patsch,	Auf die Oberschenkel klopfen.
Frau Birne, klatsch-klatsch,	In die Hände klatschen.
wir plaudern gemeinsam den herbstlichen Tratsch.	Seitlich versetzt gegenüberstehen, mit den Armen einhängen, gemeinsam um die Mittelachse drehen.
1. *Frau Birne, Herr Apfel, wie schön seid ihr heut'!*	Sich verbeugen und mit der Hand grüßen.
Eure goldgelbe Haut uns besonders erfreut.	Mit den Händen über den Körper streichen.
2. *„Ich schmecke am besten“, sagt jetzt der Herr.*	Mit dem Kopf nicken und mit dem Finger auf die eigene Brust tippen.
“Übertreiben Sie nicht“, ruft Frau Birne nunmehr.	Den Kopf schütteln und mit dem Zeigfinger hin- und herwackeln.

3. *„Streitet Euch nicht", so sagen wir flott,* Einmal in die Hände klatschen.

denn nun wird aus Euch ein süßes Kompott! Alle fassen sich an den Händen und tanzen im Kreis.

Spielen und lernen

Windforscher

Material: 4–6 m Schnur, Wäscheklammern, Alufolie, Plastikhüllen, Stoffreste, Luftschlangen, Karton, Lederreste, Kleiderbügel aus Holz, Fön, Fahrradpumpe, Camping-Blasebalg, Ventilator, Fächer

Vorbereitung: Im Gruppenraum eine Schnur spannen und mit Wäscheklammern die verschiedenen Materialien Alufolie, Plastikstreifen, Stoffstücke, Papierschlangen, Karton usw. daran befestigen. Die Plastikhüllen zuvor in Streifen schneiden, auch die anderen Materialien evtl. zuschneiden. Die Wind erzeugenden Hilfsmittel sind zunächst noch in einer Kiste und mit einem Tuch abgedeckt.

So geht's: Die Kinder überlegen, wie sie Wind erzeugen können, um die aufgehängten Materialien in Bewegung zu bringen – zunächst nur mit dem eigenen Körper (kräftig pusten, mit den Händen wedeln), dann auch mit Hilfsmitteln. Welche Hilfsmittel sind geeignet? Welche erzeugen wenig, welche viel Wind? Welche werden nur mit Körperkraft betrieben, welche brauchen Strom? Die Kinder dürfen die genannten Hilfsmittel ausprobieren und vergleichen. Sie untersuchen, welche Materialien an der Schnur sich mit sehr wenig und welche sich nur mit viel Wind bewegen lassen.

Gedächtniskönig

Material: Eine Auswahl herbstlicher Dinge, z. B. verschiedenes Obst und Gemüse, ein Maiskolben, eine Kastanie, ein kleiner Papierdrachen, ein Herbstblatt, eine Nuss, eine Eichel, eine Hagebutte, ...

So geht's: 4 bis 6 Mitspieler sitzen an einem Tisch. Auf dem Tisch liegen – je nach Alter der Kinder 4–10 Gegenstände. Reihum darf jedes Kind auf einen Gegenstand zeigen und ihn benennen. Dann schauen sich alle die Gegenstände noch einmal genau an. Nun darf ein Kind hinausgehen. Ein Gegenstand wird weggenommen. Die Kinder rufen das Kind wieder herein und es muss erraten, welcher Gegenstand fehlt. Weiß es die richtige Antwort, bekommt es einen Muggelstein. Wenn jedes Kind einmal an der Reihe war, können für die nächste Runde einige Gegenstände dazugelegt oder ausgetauscht werden. Dann wird wie oben beschrieben weitergespielt. Etwas schwieriger wird es, wenn 2 oder 3 Gegenstände weggenommen werden. Wer nach einer vorher festgelegten Anzahl von Spielrunden die meisten Muggelsteine errungen hat, ist Gedächtniskönig.

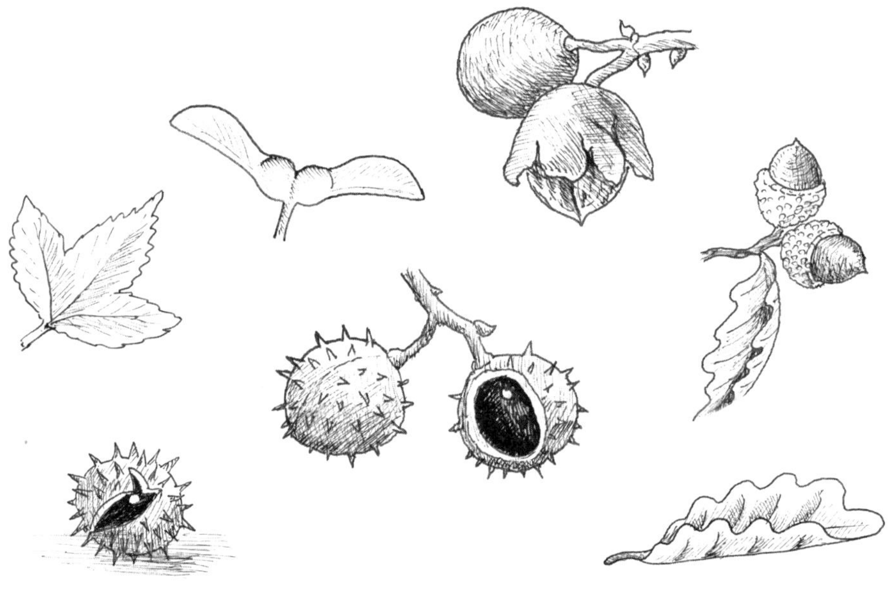

Zahlen legen

Material: viele Frühstücksteller (ersatzweise auch Servietten), eine große Schüssel mit Kastanien

Vorbereitung: 2–6 Kinder setzen sich um einen Tisch, die Schüssel mit den Kastanien steht in der Mitte, die Teller stehen gestapelt daneben.

So geht's: Jedes Kind stellt zunächst einen Teller vor sich hin. Die Erzieherin (oder eines der Kinder) sagt eine Zahl zwischen 1 und 6 und jedes Kind legt die entsprechende Anzahl Kastanien in seinen Teller. Wenn alle soweit sind, vergleichen die Kinder ihre Ergebnisse, können noch einmal nachzählen und eventuell korrigieren. Dann wird die nächst Zahl angesagt und die Kinder nehmen entsprechend weitere Kastanien auf oder legen überzählige wieder zurück in die Schüssel. Das Spiel geht solange, wie die Kinder Spaß daran haben. Bei dieser einfachen Variante können Kinder ab 4 Jahren mitspielen.

Variation: Für Kinder, die sich schon gut mit Zahlen auskennen und etwas mehr Herausforderung brauchen, kann das Spiel stufenweise schwieriger gestaltet werden. Zum einen kann man den Zahlenraum auf 1–10 erweitern. Zum anderen können 2 oder sogar 3 Zahlen genannt werden. Entsprechend hat dann jedes Kind 2 bzw. 3 Teller vor sich stehen. Die Zahlen werden deutlich nacheinander genannt, z. B. 2 – 7 – 4, und anschließend noch einmal wiederholt, damit sich die Kinder diese Zahlenreihe gut einprägen können. In der genannten Reihenfolge kommen dann die Kastanien auf die Teller (in unserem Beispiel also 2 auf den ersten Teller, 7 auf den zweiten und 4 auf den dritten). Das Spiel wird wie oben beschrieben weitergeführt. Älteren Kindern und „Zahlenprofis“ macht es Spaß, das Spiel als „Wettlauf“ spielen: Wer zuerst fertig ist und keinen Fehler gemacht hat, bekommt einen Edelstein. Gewonnen hat, wer nach einer vorher festgelegten Anzahl von Spielrunden die meisten Edelsteine besitzt.

Mehr oder weniger?

Material:

- 1 Würfel
- Klebe-Etiketten
- schwarzer Filzstift
- eine große Schüssel mit Nüssen (oder Kastanien)

Vorbereitung: Alle Seiten des Würfels mit Etiketten überkleben und wie folgt beschriften:

So geht's: Die Kinder lernen mit dem Würfel spielerisch die beiden Zeichen für die mathematischen Begriffe *plus* und *minus* kennen, die Erzieherin verwendet aber beim Erklären der Würfel-Aufschriften die Formulierungen „1 mehr", „2 mehr" usw. sowie „1 weniger" und „2 weniger".
Auf dem Tisch steht die Schüssel mit den Nüssen. Jedes Kind hat einen Teller vor sich, auf dem zwei Nüsse liegen. Es wird reihum gewürfelt. Jedes Kind führt die von ihm erwürfelte Rechenanweisung aus, indem es entsprechend viele Nüsse auf seinem Teller hinzufügt oder wegnimmt (bei Minus-Aufgaben können einfach nur so viele Nüsse weggenommen werden, wie noch auf dem Teller vorhanden sind).
Wer nach einer vorher festgelegten Anzahl von Runden die meisten Nüsse in seinem Teller zählen kann, hat gewonnen.

Maisforscher

Material:

- Eine große Wanne mit Maiskörnern
- verschieden große Gefäße und Utensilien zum Befüllen und Messen
- eine Waage mit Gewichten
- verschiedene kleine Gegenstände (z. B.: Perlen, Spielfiguren, Muggelsteine, Puzzleteile, Lego-Bausteine und Ähnliches), von jeder Sorte so viele, wie Kinder mitspielen

So geht's: Die Wanne mit Mais auf einem Forschertisch bereitstellen, Gefäße und Utensilien zum Schütten und Messen dazustellen, evtl. auch eine Waage mit Gewichten.

1–2 Kinder können an diesem Tisch frei experimentieren.

Variation: In der Maiswanne können 1–4 Kinder zusammen auf Schatzsuche gehen. Vorher wird eine Auswahl kleiner Gegenstände (siehe oben) in die Wanne gegeben und gut versteckt. Es sollte für jedes Kind die gleiche Anzahl gleicher Gegenstände in der Wanne sein. Wer hat seinen Schatz zuerst komplett?

Kastanienrollbahn

Material:

- Papprollen von Toiletten- und Küchenpapier (oder größere, falls vorhanden)
- Zeitungspapier
- Tapetenkleister
- verschieden große Schachteln und Kartons
- einige Sägemesser und Scheren
- Kastanien
- evtl. Murmeln, Perlen, kleine Bälle etc.

So geht's: Kartonrollen mit Zeitungspapier und Tapetenkleister zu unterschiedlich langen Röhren zusammenfügen. Schachteln und Kartons dienen als Stützen und werden als Verteilerstücke u. Ä. zugeschnitten. Auch Tische und Stühle können mit einbezogen werden, um den Kastanien in der Rollbahn mehr Schwung zu verleihen.

Variation: Murmeln, Perlen oder kleine Bälle durch die Bahn schicken und vergleichen: was rollt am gleichmäßigsten, was rollt am schnellsten?

Üben und gewinnen

Alles meins!

Material:

- 3 Salat-Zangen aus Holz
- 3 tiefe Teller
- eine große Schachtel, gefüllt mit jeweils gleich vielen Kastanien, Nüssen und (ungefähr gleich großen) Steinen

So geht's: Es können 3 Kinder mitspielen. Die Schachtel mit den Kastanien, Nüssen und Steinen steht in der Mitte des Tisches, die Kinder stehen um den Tisch herum. Jedes bekommt eine Salat-Zange, einen Teller und den Auftrag, von einer Sorte der Dinge in der Schachtel so schnell wie möglich alle herauszuholen und auf seinen Teller zu legen. Hierfür darf nur die Zange benutzt werden. Wer hat am schnellsten alle seine Gegenstände im Teller?

Üben und gewinnen

Blätterkönig

Material: 2x3 getrocknete Herbstblätter, nicht gepresst, in etwa gleicher Größe (z. B. drei Ahornblätter und drei Weinlaubblätter)

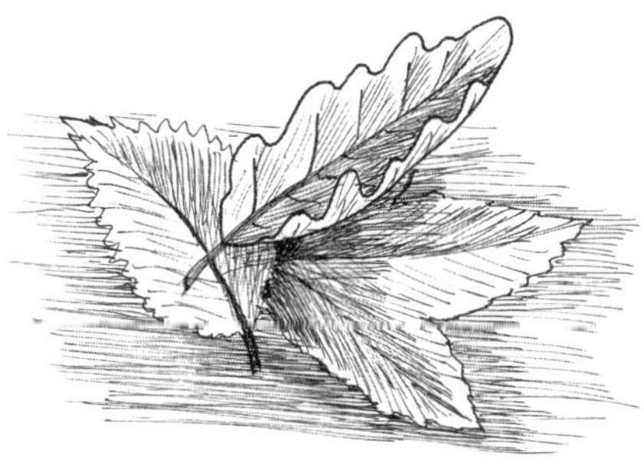

So geht's: Zwei Kinder sitzen sich an einem Tisch gegenüber. Jedes hat drei Blätter derselben Sorte vor sich liegen. Nun heißt es kräftig pusten. Jedes Kind versucht, die eigenen Blätter vom Tisch zu pusten. Wenn dabei ein Blatt des Spielpartners hinuntersegelt, zählt dies als Punkt für ihn. Das Kind, dessen Blätter zuerst alle am Boden liegen, ist Blätterkönig bzw. Blätterkönigin.

Kastanienwettschießen

Material:

- Klebeband in Rot und Blau
- 12 Kastanien
- 2 dicke wasserfeste Stifte in Rot und Blau
- 2 kleine Schüsseln
- ein quadratischer Spieltisch

Vorbereitung: 6 Kastanien mit einem blauen und 6 mit einem roten Punkt markieren. An einer Seite des Tisches in etwa 10 cm Entfernung vom Rand eine Linie mit blauem Klebeband anbringen. Dasselbe auf der gegenüberliegenden Seite mit rotem Klebeband.

So geht's: Zwei Kinder sitzen einander gegenüber am Tisch. Jedes Kind bekommt eine Schüssel und hat 6 Kastanien in derselben Farbe vor sich liegen. Abwechselnd versuchen nun beide Kinder ihre Kastanien hinter die gegenüberliegende Ziellinie zu schnipsen. Jedes Kind hat pro Spielzug 3 Schnipsversuche. Wenn es damit eine seiner Kastanien ins Ziel gebracht hat, wird diese in die eigene Schüssel gelegt. Schnipst ein Kind eine eigene Kastanie vom Tisch, wird diese aus dem Spiel genommen, vom Tisch geschnipste Kastanien des Mitspielers werden wieder zurück auf den Tisch gelegt. Wer am Ende die meisten Kastanien in seiner Schüssel hat, ist Sieger.

Bewegungsspiel

Wind und Drachen

So geht's: Die Kinder spielen Herbstdrachen und liegen im Bewegungsraum auf dem Boden (Windstille). Ein Kind spielt den Wind, wirbelt durch den Turnsaal und ruft:

„Ich bin der Wind, das himmlische Kind, ich rüttle an den Zweigen. Ihr Drachen sollt nun fliegen und in den Himmel steigen!"

Daraufhin erheben sich alle Drachen und laufen durcheinander, der Wind versucht sie wieder einzufangen. Wer von ihm berührt wurde, bleibt im Raum stehen, breitet die Arme aus und macht Flatterbewegungen in alle Richtungen. Die Kinder, die noch nicht gefangen wurden, müssen sich nun vor dem Wind und den Flatterarmen der gefangenen Drachen in Acht nehmen. Wer als letzter gefangen wurde, darf der nächste Wind sein.

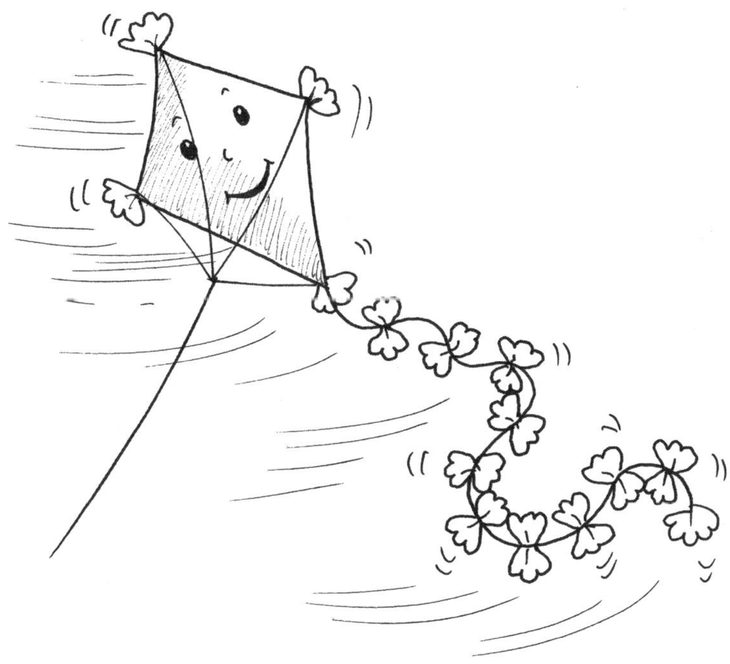

Bewegungsspiel

Siebenschläfer

Material: eine große Tagesdecke

Vorbereitung: Die Decke in einer Ecke des Raumes auslegen.

So geht's: Ein Kind legt sich als schlafender Siebenschläfer auf den Boden. Die anderen Kindern gehen im Kreis um es herum und rufen:

„Siebenschläfer, wach auf!"

Der Siebenschläfer gähnt daraufhin 1x. Die Kinder rufen ein zweites Mal und der Siebenschläfer gähnt 2x. Nach dem dritten Ruf gähnt der Siebenschläfer 3x, springt auf und versucht ein Kind zu fangen. Wer gefangen wurde kommt in die Siebenschläferhöhle (unter die Tagesdecke). Dann legt sich der Siebenschläfer wieder „schlafen" und das Spiel wiederholt sich, bis alle Kinder gefangen wurden. Wer als letzter gefangen wurde, darf die Kinder aus der Siebenschläferhöhle befreien und in der nächsten Runde der Siebenschläfer sein.

Bewegungsspiel

Obstsalat

So geht's: Die Kinder sitzen im Stuhlkreis, ein Kind hat keinen Stuhl und steht in der Mitte. Reihum bekommt jedes Kind im Kreis einen von 3 (oder 4) Obstnamen zugeteilt, z. B. Apfel, Birne, Zwetschge (und Traube). Die Namen wiederholen sich immer in der gleichen Reihenfolge, bis jedes Kind einen von ihnen bekommen hat. Das Kind in der Mitte ruft nun eine der Obstsorten aus. Die betreffenden Kinder müssen blitzschnell aufstehen und Plätze tauschen. Das Kind in der Mitte versucht, dabei selbst einen Stuhl zu ergattern. Das Kind, das keinen Stuhl bekommt, steht in der nächsten Runde in der Mitte. Wenn ein Kind mehrmals hintereinander keinen Stuhl bekommen hat, kann es auch „Obstsalat" rufen. Dann müssen alle Obstsorten aufstehen und Plätze tauschen und die Chance, einen Stuhl zu bekommen, ist größer.

Bewegungsspiel

Kastanienmann

Material: Kastanien, ein Handbohrer, ein langer runder Schnürsenkel, evtl. weitere Herbst-Fundstücke (z. B.: bunte Herbstblätter, Ahornsamen, Hagebutten, Lampion-Blumen o. Ä.)

Vorbereitung: Einige Tage zuvor eine Halskette aus Kastanien basteln (mit dem Handbohrer ein Loch durch jede Kastanie bohren und den Schnürsenkel durchziehen). Dies ist eine Arbeit, die Kraft und Geduld erfordert. Es bietet sich an, dass jeweils zwei Kinder zusammenarbeiten, um eine Kastanie zu durchbohren. Je mehr Kinder mithelfen, desto länger wird die Kastanienkette. Bei Zeitmangel reicht es auch aus, wenn nur einige Kastanien durchbohrt und dann – evtl. auch zusammen mit anderen Herbstmaterialien – auf eine Schnur gefädelt bzw. angeknotet werden.

So geht's: Ein Kind hängt sich die Kastanienkette um, schlenkert mit den Armen, hüpft und springt, wie es ihm gefällt und singt:

„Ich bin der Kastanienmann und hüpfe heut' so gut ich kann.
Komm, komm, komm liebe(r) ......, jetzt bist du mal dran!"

Das gerufene Kind stellt sich vor den Kastanienmann und ahmt die Bewegung nach. Anschließend bekommt es die Kette umgehängt und darf sich vor das erste Kind stellen, welches ihm die Hände auf die Schultern legt und ihm folgt. Die beiden gehen weiter und singen gemeinsam den Vers vom Kastanienmann, bis sie wieder vor einem Kind stehen bleiben und sich das Spiel wiederholt. Immer wenn das vorderste Kind ein weiteres aufruft, macht es eine neue Bewegung vor, die dann zunächst von seinen „Anhängern" und dann auch von dem neu aufgerufenen Kind nachgeahmt wird.

Bewegungsspiel

Fingerballett

So geht's: Das Spiel kann sowohl in einer kleinen als auch in einer großen Gruppe gespielt werden. Die Kinder sitzen am Tisch (an Tischen) und legen die Hände vor sich auf die Tischplatte. Die Erzieherin macht die Bewegungen vor. Die Kinder ahmen sie nach.

1. Beide Hände vor dem Körper in den Handgelenken drehen, die Richtung mehrmals wechseln.

1. Die Hände schweben mit den Handflächen nach unten einige Zentimeter über der Tischplatte. Nacheinander mit jedem einzelnen Finger und in gleichmäßigem Rhythmus 3x (2x; 1x) auf die Tischplatte klopfen. Dabei bewegen sich immer die Finger beider Hände synchron von innen nach außen und wieder zurück, also zuerst beide Daumen gleichzeitig, dann beide Zeigefinger, dann beide Mittelfinger, usw. („Klavier spielen").

2. Die Finger tanzen frei in der Luft.

3. Die Daumen, Zeigefinger, Mittelfinger, Ringfinger, kleinen Finger beider Hände berühren sich je 3 x.

4. Die Hände mit den Handflächen nach vorne drehen. Die gestreckten Finger beider Hände spreizen und schließen – mehrmals wiederholen.

5. Die Finger der rechten Hand laufen über den linken Arm.

6. Die Finger der linken Hand laufen über den rechten Arm.

7. Beide Hände vor dem Körper ausschütteln.

8. Die Handballen vor dem Körper gegeneinander drücken, dabei nach links und rechts verdrehen.

9. Die Hände zu lockeren Fäusten ballen. Einen Finger nach dem anderen ausstrecken – zuerst die Finger der linken, dann die der rechten Hand. Sind alle Finger ausgestreckt, einen nach dem anderen wieder „einklappen".

10. Mit den Fingern schnipsen.

11. Die Hände aneinander reiben, bis sie ganz warm sind.

12. Zum Abschluss mit beiden Händen zuerst auf die Oberschenkel patschen, dann die Unterarme überkreuzen und die Hände auf die Brust legen. Beim 2. Mal die Unterarme umgekehrt kreuzen und die ganze Bewegung mehrmals wiederholen.

Bewegungsspiel

Blättertanz

Material: Instrumentalmusik und Abspielgerät

So geht's: Die Erzieherin spielt die Musik ein. Die Kinder spielen tanzende Blätter, die sich im Wind bewegen. Beim Musikstopp ruft die Erzieherin laut eine Zahl zwischen 2 und 6, die Kinder tun sich so schnell wie möglich zu entsprechend großen Gruppen zusammen und halten sich an den Händen. Übrig gebliebene Blätterkinder dürfen eine Runde zwischen den Grüppchen umherwirbeln. Schließlich spielt die Musik weiter und das Spiel beginnt von Neuem. Das Spiel kann mit 6–20 Kindern gespielt werden, eine Gruppe von 12 Kindern ist ideal, da diese sich ohne Rest durch 2, 3, 4 und 6 teilen lässt.

Variation: Anstatt eine Zahl auszurufen, kann die Erzieherin sie auch mit Kegeln (Sandsäckchen, Tüchern, etc.), die sie am Boden aufreiht, anzeigen. Oder sie gibt die Zahl akustisch an (entsprechend viele Schläge auf eine Handtrommel, eine Triangel, ein Xylophon).

Walnüsse

Material:

ein Stoffsack voll mit Walnüssen, eine Blockflöte oder ein Glockenspiel, einige mit Goldfarbe bemalte Walnüsse

So geht's:

Einstieg

Die Kinder setzen sich im Kreis auf den Boden (auf ausreichenden Abstand achten) und bekommen die Anweisung, mit geschlossenen Augen ganz gut hinzuhören.

Die Erzieherin holt den Stoffsack mit den Walnüssen, dreht und schüttelt ihn und bewegt sich dabei durch den Raum. Die Kinder zeigen mit einer Hand, in welche Richtung sich das Geräusch bewegt.

Übung 1

Die Kinder öffnen die Augen wieder. Das Säckchen wird nun von Kind zu Kind gereicht; alle fühlen und raten, was darin sein könnte (sagen aber noch nichts).

Währenddessen singt die Erzieherin:

Wenn die Kinder erraten haben, was im Beutel ist, geht dieser noch einmal reihum, und jedes Kind darf sich eine Walnuss aus dem Säckchen nehmen.

Übung 2

Während die Erzieherin das Lied auf dem Glockenspiel oder auf der Flöte spielt, rollen die Kinder ihre Walnuss durch den Raum – danach kehren sie wieder auf ihre Plätze im Kreis zurück.

Übung 3

Die Melodie erklingt noch einmal und die Kinder klopfen auf dem Boden mit der Walnuss den Takt.

Übung 4

Jedes Kind sucht sich einen Partner. Zunächst experimentieren sie zusammen, was sie mit der Nuss zu zweit tun können. Die Erzieherin greift einige Übungen der Kinder auf und fügt ggf. auch eigene hinzu, die dann alle gemeinsam ausprobieren. Sie könnten die Nuss z. B.:

- einander zurollen
- einander zuwerfen
- um den Körper des Partners herumrollen
- auf dem Körper des Partners rollen („Nussmassage")
- ...

Während die Kinder experimentieren, legt die Pädagogin einige golden eingefärbte Nüsse an bestimmte Punkte des Bewegungsraumes (Sprossenwand, Bank, Fenster, Turnmatte, ...)

Übung 5

Die Kinder rollen ihre Nuss von einer goldenen Nuss zur anderen (die Erzieherin zeigt in die entsprechende Richtung). Die Aufgabe besteht darin, bei jeder Nuss gemeinsam den jeweiligen Standort rhythmisch zu sprechen und die Silben mit der eigenen Walnuss mitzuklopfen (2x wiederholen).

z. B.: Spros – sen – wand

Abschluss:

Die Kinder spielen nun selbst Nüsse und rollen eines nach dem anderen über den Boden bis zur Ausgangstür (Körper langgestreckt, Hände über dem Kopf, die Nuss in einer Hand, über die Längsachse rollen).

Jüngere Kinder können hierzu von der Erzieherin einzeln aufgerufen werden; älteren kann man die Aufgabe stellen, dass sie sich ohne Absprache (und mit ausreichend zeitlichem Abstand) eines nach dem anderen in Bewegung setzen, um den Raum ohne Gedränge zu verlassen (als Hilfsmittel könnte die Erzieherin auch ein akustisches Signal für jeden Startzeitpunkt geben).
Im Gruppenraum liegt anschließend auf einem Tisch der Nussknacker bereit und wer möchte, kann seine Walnuss essen.

Rhythmik

Äpfel, Birnen, Zwetschgen

Material:

- CD mit Meditationsmusik, CD-Spieler
- ein Glockenspiel
- ein rotes, ein blaues und ein gelbes Faltblatt
- ein Korb für das Obst
- rote Äpfel, gelbe Birnen, Zwetschgen
- Rhythmiktücher in Gelb, Rot und Blau

(insgesamt so viele Früchte und Tücher in der passenden Farbe, wie Kinder mitmachen)

Vorbereitung: Die Rhythmikeinheit eignet sich für 6-15 Kinder ab 4 Jahren. Die Tücher gleichmäßig verteilt am Boden auslegen (für jedes Kind eines). Auf die blauen Tücher je eine Zwetschge, auf die roten je einen Apfel und auf die gelben je eine Birne legen.

So geht's:

Einstieg

Die Kinder bekommen den Auftrag, sich – sobald die Musik erklingt – leise und vorsichtig durch den ganzen Raum zu bewegen, ohne Tücher und Obststücke zu berühren. Beim Musikstopp setzt sich jedes Kind vor ein Tuch.

Übung 1

Die Erzieherin hält nacheinander das rote, das blaue und das gelbe Faltblatt hoch. Wenn die Kinder an dem gerade hochgehaltenen Blatt die Farbe ihres Tuches und ihrer Obstsorte wiedererkennen, halten die Betreffenden ihre Frucht kurz hoch und legen sie dann wieder auf dem Tuch ab.

Übung 2

Wieder erklingt die Musik. Die Kinder gehen erneut vorsichtig durch den Raum. Die Erzieherin hält wieder jeweils beim Musikstopp (diesmal mit längeren Abständen dazwischen) eines der drei farbigen Blätter hoch. Jedes Mal haben alle Kinder die Aufgabe, sich zu einem Tuch mit Frucht in der entsprechenden Farbe zu setzen. Wenn die Erzieherin beim Musikstopp alle drei Blätter gleichzeitig hochhält, ist dies das Signal, dass sich jedes Kind wieder an seinen ursprünglichen Platz setzt.

Variation

Wenn die Kinder gut mit den verschiedenen Signalen vertraut sind, kann bei der Wiederholung auch die Art der Fortbewegung durch den Raum variiert werden, z. B. große bzw. kleine Schritte machen, auf Zehenspitzen oder auf den Fersen gehen, stampfend, mit Nachstellhüpfer, rückwärts usw. Wichtig: Die Kinder bewegen sich dabei sich immer so umsichtig, dass sie weder Tücher noch Früchte berühren.

Übung 3

Wenn alle wieder an ihrem Platz sitzen, bittet die Erzieherin die Kinder, die Augen zu schließen. Sie schlägt einen Ton auf dem Glockenspiel an und hält dabei eine Farbe hoch. Sobald die Kinder den Ton hören, öffnen sie die Augen. Wenn das Faltblatt in „ihrer" Farbe hochgehalten wird, dürfen die betreffenden Kinder aufstehen, ihr Tuch und ihre Frucht aufheben und zum bereitstehenden Korb gehen. Ihre Früchte legen sie in den Korb, die Tücher daneben. Dann gehen sie leise in den Gruppenraum. Auf dieselbe Art verabschiedet die Erzieherin auch die anderen beiden „Obstgruppen".

Die Früchte aus dem Korb werden anschließend gewaschen und im Gruppenraum gemeinsam verzehrt.

Eichhörnchen-Parcours

Material:

- quadratische Stoffreste und Walnüsse, entsprechend der Anzahl der Kinder
- Wolle oder Schnur
- Sprossenwand oder Kletternetz
- Krabbeltunnel
- 2 Kletterböckchen und zwei Anhänge-Platten
- 4 Stühle für Erwachsene
- 1 große Decke
- 1 Medizinball
- 4–6 Kegel (oder mit Wasser gefüllte, dicht verschraubte Plastikflaschen)
- 2 Gymnastikstäbe

Vorbereitung: Auf jedes Stoffstück eine Nuss legen und das Ganze zu einem Säckchen zusammenbinden (ein Nuss-Säckchen pro Kind). Vor der Bewegungsstunde die einzelnen Stationen im Bewegungsraum wie unten beschrieben aufbauen.

So geht's: Der Eichhörnchen-Parcours eignet sich für 6–12 Kinder. Die Erzieherin erklärt zunächst, was die einzelnen Stationen darstellen und was dort zu tun ist. Dann stellen sich alle vor der ersten Station in einer Reihe hintereinander auf. Die sechs Stationen werden nun von den Kindern nacheinander einzeln durchlaufen (mit beliebig vielen Wiederholungsrunden). Sobald das erste Kind vom Netz wieder heruntergeklettert ist, macht sich das zweite auf den Weg, usw. Wer den Parcours einmal durchlaufen hat, stellt sich vor der ersten Station wieder in die Reihe, bis er oder sie die zweite Runde antreten kann.

Station 1 – Der Nussbaum

Die Nuss-Säckchen gleichmäßig verteilt an der Sprossenwand oder am Kletternetz mit einer Schuh-Schleife festbinden.

Auf die Sprossenwand klettern, sich mit der einen Hand festhalten und mit der anderen die Schleife eines Nuss-Säckchens lösen. Mit dem Säckchen in der Hand herunterklettern. Dann die Nuss herausnehmen, das Säckchen auf den Boden legen und mit der Nuss in der Hand zur nächsten Station gehen.

Station 2 – Der hohle Baumstamm

Einen Krabbeltunnel auf den Boden legen.
Durch den Tunnel krabbeln und dabei die Nuss vor sich herrollen.

Station 3 – Der krumme Ast

Ein Kletterböckchen mit zwei seitlich eingehängten Platten (schiefe Ebenen) aufstellen.
Mit der Nuss auf der Hand auf der einen Seite rauf- und auf der anderen Seite wieder runtergehen.

Station 4 – Die Baumkrone

Vier große Stühle dicht beieinander aufstellen, z. B. zwei davon Rücken an Rücken und die anderen beiden links und rechts seitlich dazu anstellen. Der Aufbau soll dichtes Geäst darstellen, durch das die Eichhörnchen ihren Weg finden müssen. Ein Kind nach dem anderen krabbelt irgendwie zwischen den vielen Stuhlbeinen hindurch und versucht dabei, keinen Stuhl zu verschieben.

Station 5 – Der Kobel

Eine große Decke wird über ein Kletterböckchen gelegt, darunter kommt ein leerer Korb. Das ist das Nest (der Kobel) des Eichhörnchens, in dem es seine Nuss ablegt.
In den Kobel krabbeln und die Nuss ins Körbchen legen

Station 6 – Die größte Nuss der Welt

Mit den Kegeln (Plastikflaschen) eine Art Slalomstrecke aufbauen (Abstände groß genug halten). Den Medizinball und zwei Gymnastikstäbe bereitlegen.

Das Eichhörnchen hat die größte Nuss der Welt (Medizinball) gefunden. Mit zwei großen Stöcken (Turnstäbe) rollt es sie am Boden zu seinem Versteck (Slalom zwischen den Kegeln hindurch).

Abschluss

Die letzte Runde wird angekündigt. Jedes Kind huscht, nachdem es die 6. Station durchlaufen hat, flink wie ein Eichhörnchen aus dem Bewegungsraum.

Futter suchen und verstecken

Material:

- Handtrommel
- viele Kastanien und Nüsse
- Langbank
- 2 Kletterböckchen
- 1 große Decke
- Sprossenwand
- Weichbodenmatte, evtl. Keilmatte
- 1 Kletterseil, ca. 2 m lang
- 2 Henkelkörbchen, eines davon mit Nüssen gefüllt
- Schnur, ca. 40 cm lang
- 2 Turnseile
- 4–6 Gummi-Wärmeflaschen (große und kleine sind geeignet), alle etwa 2/3 voll mit Wasser und fest verschraubt
- viele Kissen in verschiedenen Größen
- viele blaue Rhythmiktücher oder anderer blauer Stoff
- 1 Rollbrett
- 1 leerer Schuhkarton ohne Deckel

Vorbereitung: Vor der Bewegungsstunde die einzelnen Stationen im Bewegungsraum wie unten beschrieben aufbauen.

So geht's: Der Parcours eignet sich für 6–12 Kinder. Thema ist das Sammeln und Verstecken von Wintervorräten, mit dem viele Tiere im Herbst beschäftigt sind. Die Kinder dürfen überlegen, welche Tiere sie kennen, auf die das zutrifft. Wer möchte, darf sich ein Tier aussuchen, in dessen Rolle es während des Parcours schlüpfen möchte. Die Erzieherin erklärt zunächst, was die einzelnen Stationen darstellen und was dort zu tun ist. Dann stellen sich alle vor der ersten Station in einer Reihe hintereinander auf. Die sechs Stationen werden nun von den Kindern nacheinander einzeln durchlaufen (mit beliebig vielen Wiederholungsrunden). Sobald das erste Kind die erste Station durchlaufen hat, macht sich das zweite auf den Weg, usw. Wer den gesamten Parcours einmal durchlaufen hat, stellt sich vor der ersten Station wieder in die Reihe, bis er oder sie die zweite Runde antreten kann.

Station 1 – Das Geheimversteck

Quer über die Langbank zwei Kletterböckchen stellen (im Abstand von ca. 1,50 m). Darüber die Decke legen. Unter der „überdachten" Bank einige Kastanien auf den Boden legen, mindestens eine für jedes Kind.
Habt ihr es auch erschnupeprt? Hier drunter hat irgendjemand Futter versteckt! Jedes Kind darf sich eine Kastanie aus dem Versteck stibitzen. Dazu zieht es sich mit beiden Händen unter dem Tuch hindurch bäuchlings über die Langbank. Unterwegs nimmt es eine Kastanie vom Boden auf und krabbelt schließlich mit der Nuss in der Hand vom Ende der Bank auf den Boden.

Station 2 – Der alte Baum

Vor der Sprossenwand die Weichbodenmatte als Fallschutz auslegen. An der obersten Sprosse das Kletterseil befestigen. Daneben das Henkelkörbchen aufhängen, falls vorhanden, Keilmatte noch auflegen und dicht an die Sprossenwand schieben.
Ganz, ganz oben im alten Baum wollen wir unsere Kastanie verstecken, denn im Klettern sind wir Profis! Jedes Kind erklimmt mit Hilfe des Seils die Sprossenwand und legt seine Kastanie in das Körbchen. Anschließend wieder abseilen oder auf die Matte springen.

Station 3 – Die wackelige Brücke

Zwei Turnseile parallel zueinander (Abstand: ca. 30 cm) auf den Boden legen. Das Körbchen mit den Nüssen an das eine Ende dieser Bahn stellen.

Oh, da hat ja jemand auf der anderen Seite der Schlucht seinen Nuss-Schatz stehen lassen! Aber um den zu holen, muss man erst die wackelige Brücke überqueren. Jedes Kind stellt sich gegenüber vom Körbchen auf die Seilenden und balanciert auf den Seilen ans andere Ende. Dort nimmt es das Körbchen auf und balanciert damit wieder zurück zum Startpunkt. Das Körbchen wird nun hier abgestellt und das nächste Kind beginnt auf der anderen Seite.

Station 4 – Der Bach

Die gefüllten Wärmeflaschen auf dem Boden auslegen, sie sollen die Steine im Bach darstellen.

Der Zwerg, dem das Nusskörbchen gehört, ist zurückgekommen und hat uns verraten, wo er die Nüsse gefunden hat: In dem großen Laubhaufen unterm Nussbaum. Da wollen wir auch hin! Aber dazu müssen wir den Bach überqueren. Vorsicht: Die Steine sind glitschig! Die Kinder gehen vorsichtig über die gefüllten Wärmeflaschen (wer möchte, barfuß!)

Station 5 – Der Laubhaufen

15–20 Walnüsse auf einer ca. 1 m² großen Fläche am Boden verteilen. Darüber einen großen Berg aus Kissen in verschiedenen Größen häufen.

Da ist ja der Laubhaufen! Bestimmt sind hier noch Nüsse zu finden!

Jedes Kind sucht sich eine Nuss, rollt diese einmal um den Kissenberg und nimmt sie dann mit zur letzten Station.

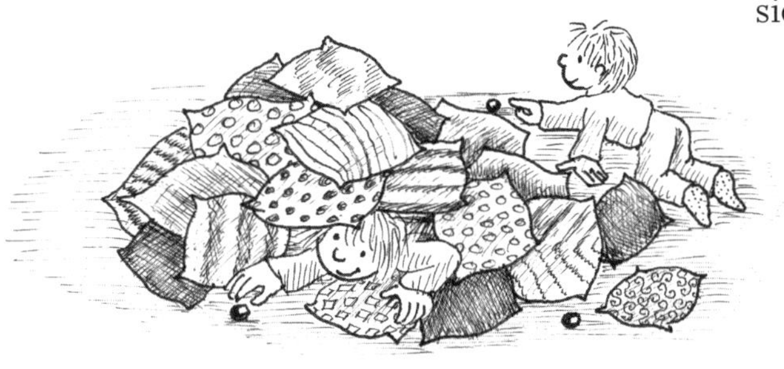

Station 6 – Der Teich

Aus den blauen Tüchern eine zweigeteilte Teichfläche am Boden auslegen. Zwischen den beiden Hälften sollte eine ca. 50 cm breite „Fahrrinne“ sein. Am einen Ende der Fahrrinne das Rollbrett bereitstellen, am anderen Ende steht der leere Schuhkarton (oder ein anderes Behältnis).

Jetzt bringen wir unsere Nuss in ein Versteck, wo niemand sie finden kann! Es ist am anderen Ufer des Teichs, an einer Stelle, die man nur übers Wasser erreichen kann. Aber wir sind ja sehr gute Schwimmer!

Jedes Kind legt sich, mit der Nuss in einer Hand, bäuchlings auf das Rollbrett und „schwimmt“ ans andere Teichufer, indem es sich mit der freien Hand am Boden abstößt. Dort legt es seine Nuss in den leeren Behälter und rollt rückwärts wieder an den Anfang der Fahrrinne. Das Kind, das hinter ihm wartet, darf etwas mithelfen, indem es den „Schwimmer“ an den Füßen zu sich zieht.

Abschluss

Die letzte Runde wird angekündigt. Jedes Kind geht, nachdem es die 6. Station durchlaufen hat, auf allen Vieren aus dem Bewegungsraum.

Mandalas

Material:

- Kastanien, bunte Blätter, Zapfen, Steine, Eicheln, Gräser, Blumen, ...
- verschiedene Behältnisse (Körbchen, Schalen, Teller, ...)
- Holzreifen
- Gymnastikseile
- bunte Tücher
- klassische Musik / Meditationsmusik

Vorbereitung: Das Legen von Naturmandalas kann Kindern helfen, ihre innere Mitte zu finden; das konzentrierte und gleichzeitig entspannte kreative Tun fördert ihr Selbstbewusstsein und ihre Zufriedenheit. In der Gruppe gelingt dies aber nur, wenn zu dieser Aktivität bestimmte Verhaltensregeln eingeführt werden. Gemeinsam sollte deshalb vorab ausgemacht werden, dass die Kinder

- sich zunächst entscheiden, ob sie alleine arbeiten möchten, oder gemeinsam mit einem oder mehreren anderen,
- sich die Materialien ruhig und ohne zu drängeln holen,
- keinem anderen etwas wegnehmen oder zerstören,
- den Platz leise verlassen, wenn sie nicht mehr weiterarbeiten möchten,
- ihre Kunstwerke bis zum nächsten Tag (oder länger, falls möglich) liegen lassen dürfen.

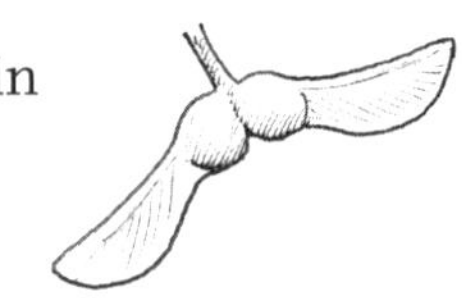

So geht's: Die verschiedenen Materialien werden sortiert und in geeigneten Behältnissen bereitgestellt. Reifen, Seile und Tücher stehen bei Bedarf als Begrenzungen bzw. Untergründe zur Verfügung. Die Materialien werden kreisförmig, von der Mitte aus nach außen zu beliebigen Mustern gelegt. Es sollte möglichst nicht dabei gesprochen werden. Klassische oder meditative Musik im Hintergrund fördert Ruhe und Konzentration und kann inspirierend auf die Wahl der Materialien und die Gestaltung der Muster wirken.

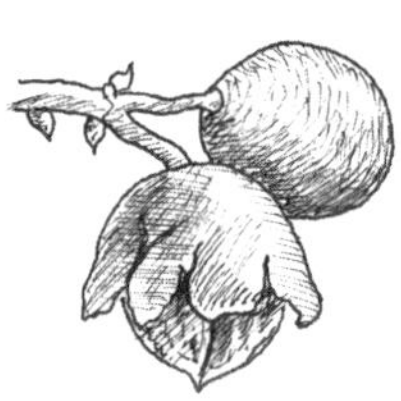

Salzteig

Material:
- 2 Tassen Mehl
- 1 Tasse Salz
- 1 TL Öl
- eine große Teigschüssel
- luftdicht verschließbarer Behälter
- Backpapier

Vorbereitung: Mehl, Salz und Öl verkneten, etwas Wasser dazugeben (der Teig soll nicht kleben). Die Masse in einem Behälter oder Sack luftdicht verpacken.

So geht's: Der Teig trocknet sehr schnell aus, deshalb immer nur die gerade benötigte Menge entnehmen. Er lässt sich wie Knetmasse modellieren – verschiedenste Figuren, Kaufladen-Zubehör, Namensschilder, kleine Gefäße und Vieles mehr können gestaltet werden. Durch langsames Austrocknen auf den Heizkörpern oder schnelleres Trocknen im Backofen (ca. 1 Stunde bei 100°) härtet Salzteig aus. Er sollte in beiden Fällen auf Backpapier gelegt und während des Trocknens mehrmals auf der Unterlage hin und her geschoben und zum Ausdampfen gewendet werden. Getrocknete Stücke mit Acryl- oder Dispersionsfarbe bemalen und anschließend wieder im Ofen trocknen lassen, evtl. farblos lackieren.

Knetmasse

Material:

- 200 g Mehl
- 100 g Salz
- 200 ml kochendes Wasser
- 2 EL Öl
- 2 EL Weinsäure (Apotheke)
- flüssige Lebensmittelfarbe
- elektrisches Rührgerät (Knethaken)
- Wasserkocher
- eine große Teigschüssel
- luftdicht verschließbare Plastikdose

So geht's:

150 g Mehl, das Salz und die Weinsäure in der Schüssel vermischen, Lebensmittelfarbe hinzugeben. Das Wasser aufkochen und unter ständigem Rühren (Rührgerät, Stufe 1) nach und nach hinzufügen. Solange Rühren, bis eine gleichmäßige Masse entstanden ist. Dann das Öl hinzufügen und das Ganze nochmals gut durchkneten. Falls die Knetmasse noch zu klebrig ist, noch etwas Mehl hinzufügen. Den Teig nochmals von Hand durchkneten und abkühlen lassen. Zur Aufbewahrung in eine luftdicht verschließbare Plastikdose geben (Haltbarkeit im Kühlschrank: ca. 6 Wochen). Der Vorteil dieser selbst hergestellten Knetmasse besteht darin, dass sie ungiftig und sehr geschmeidig ist. Krümel lassen sich von allen Oberflächen leicht entfernen.

Bastelei

Windspielzeug

Flügelrad

Material: Fotokarton, Zirkel, Bleistift, 1 spitze Schere oder Cutter, Bastelscheren

So geht's: Auf den Fotokarton mit dem Zirkel einen Kreis mit 16 cm Durchmesser aufzeichnen. Vom selben Mittelpunkt aus noch einen Innenkreis mit 10 cm Durchmesser einzeichnen.

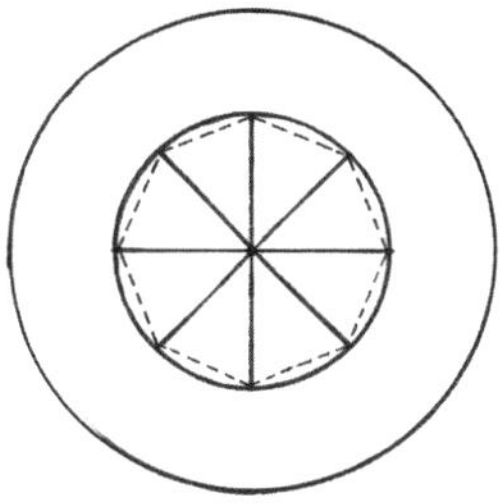

Der innere Kreis wird in 8 „Tortenstücke" aufgeteilt. Diese werden zunächst mit Bleistift und Lineal eingezeichnet, dann werden die Linien vom Mittelpunkt zum Innenkreis-Rand mit dem Cutter oder einer spitzen Schere eingeschnitten. Der Außenkreis wird mit einer Bastelschere ausgeschnitten.

Die eingeschnittenen Flügel im Innenkreis abwechselnd nach innen und außen biegen. Das fertige Flügelrad hoch in die Luft schleudern und beobachten, was passiert.

Luftwirbler

Material: Tonpapier, Schere, Büroklammer

So geht's: Aus buntem Tonpapier einen 2 cm breiten und 15 cm langen Streifen schneiden.

An einem Ende genau in der Mitte bis zur Hälfte einschneiden, den einen Streifen nach rechts, den anderen nach links falten. Das untere Ende 2 Mal falten und mit einer Büroklammer festklemmen (dient als Beschwerung).
Den fertigen Luftwirbler lässt man am besten von einer etwas erhöhten Position fallen und schaut ihm beim Herunterwirbeln zu.

Kastanienrakete

Material:

- Kastanien
- Krepppapier in verschiedenen Farben
- Schere
- Handbohrer
- eine Stricknadel

So geht's:

Mit dem Handbohrer eine Kastanie mittig durchbohren. Ca. 5 mm breite und 20 cm lange Streifen aus buntem Krepppapier zuschneiden.

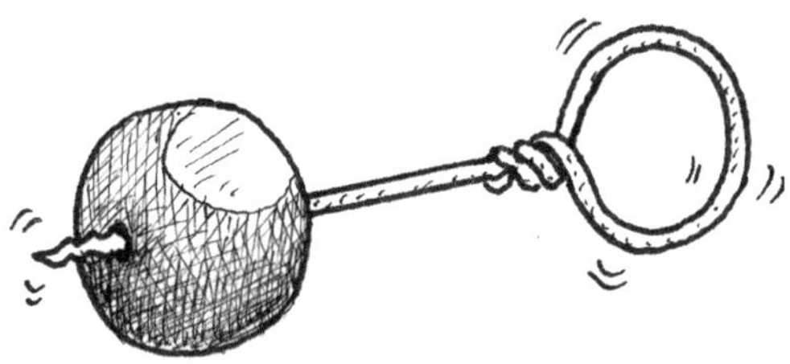

Mit Hilfe der Stricknadel 3-5 Streifen Krepp durch das Loch in der Kastanie stopfen, vorne etwas herausziehen und verknoten.

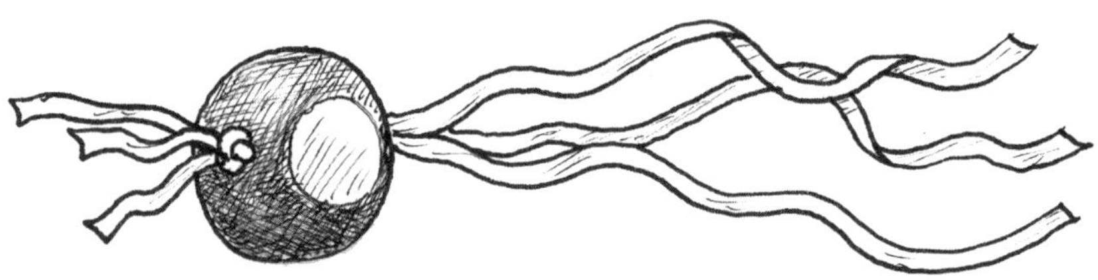

Wer kann die Kastanienrakete am höchsten, weitesten und im schönsten Bogen werfen?

Bastelei

Maus

Material:

- eine Styroporkugel (ca. 12 cm Durchmesser)
- ein großes Küchenmesser
- grauer Bastelkarton
- Schere
- schwarzer Bast
- weißes und schwarzes Tonpapier
- graue Dispersionsfarbe
- ein dicker Pinsel

So geht's: Die Styroporkugel vierteln; die scharfe Unterkante wegschneiden.

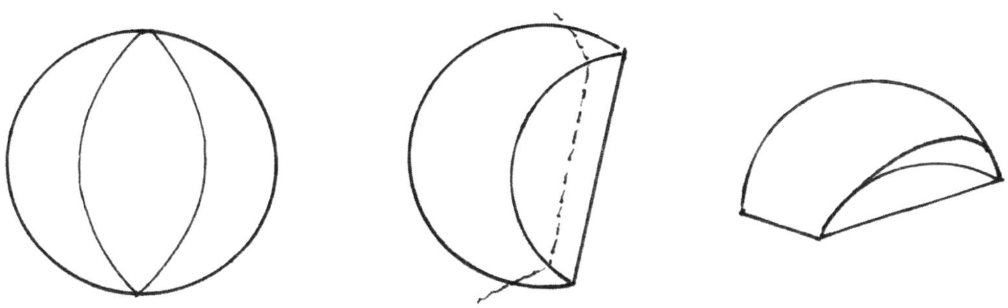

Den Mäusekopf auf Karton zeichnen und ausschneiden

Ein zugeschnittenes Styropor-Viertel mit dem Pinsel und grauer Farbe bemalen (Boden auslassen) und gut trocknen lassen. In der Zwischenzeit für das Mäusegesicht Barthaare und Schwänzchen aus gedrehtem, schwarzen Bast und Augen aus weißem und schwarzem Papier gestalten. Alles aufkleben; wenn die Farbe getrocknet ist, das Gesicht am Körper festkleben.

Apfelkörbchen

Material: Tonpapier in Braun, Grün und Rot, Scheren, Klebstoff

So geht's: Die Vorlagen auf möglichst festes Papier kopieren und ausschneiden. Die Apfelkontur 2x mit Bleistift auf rotes Tonpapier übertragen, die vom Schachtelboden 1x auf grünes. Den Henkel aus braunem Tonpapier zuschneiden.
Den Boden an den gestrichelten Linien falten und wie abgebildet zusammenkleben. Die Seitenteile und den Henkel ebenfalls ankleben.

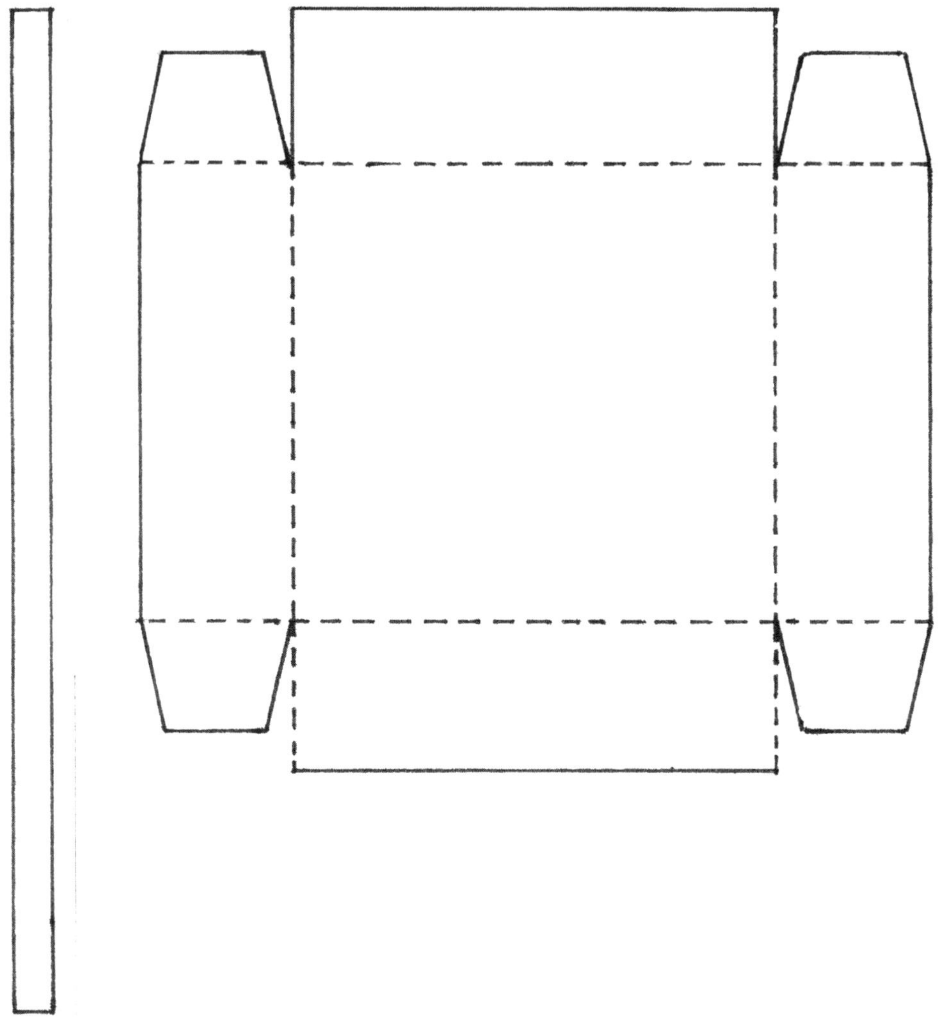

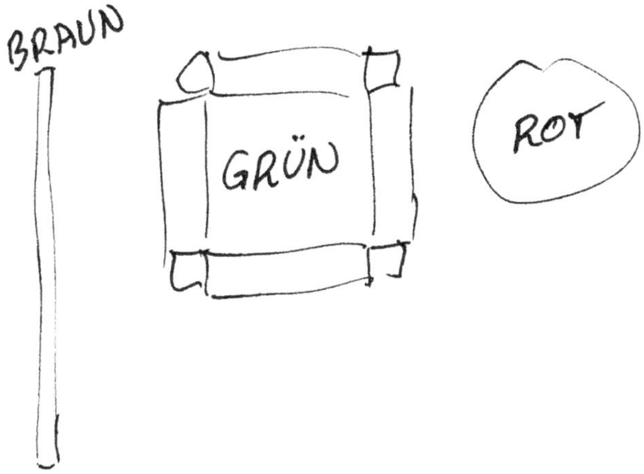
BRAUN
GRÜN
ROT

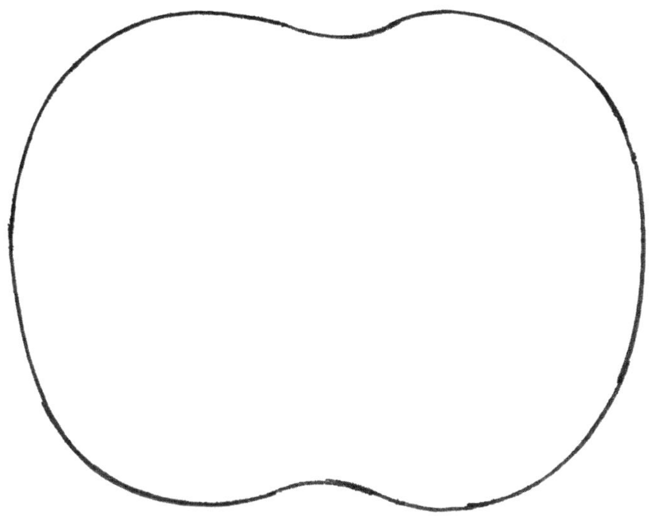

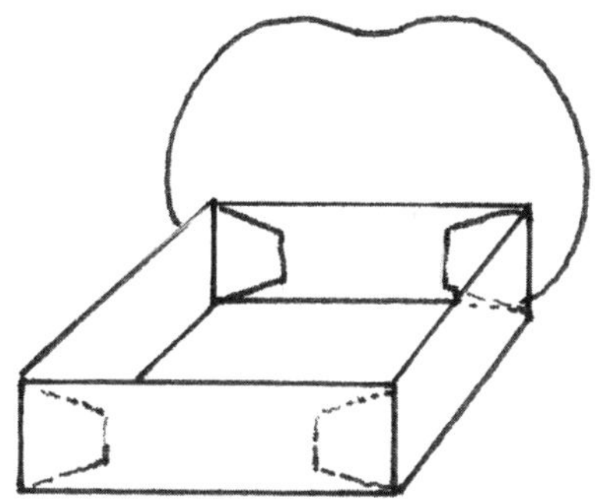

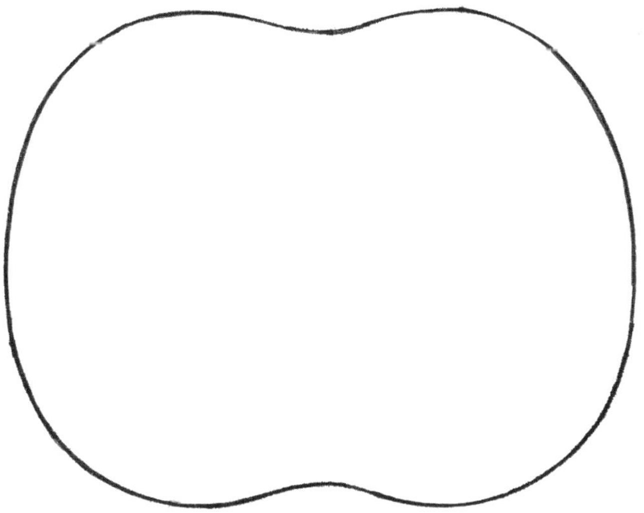

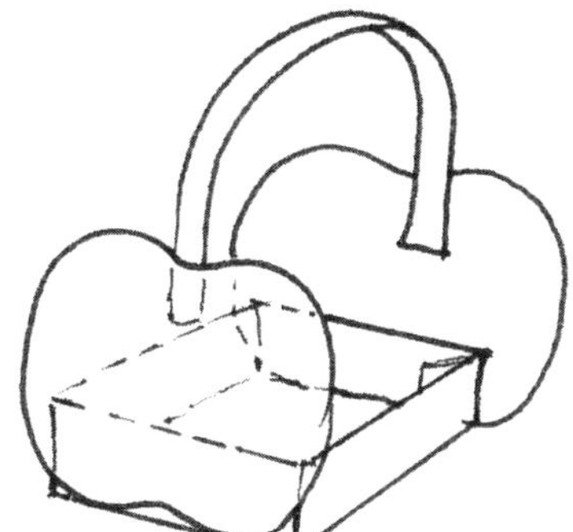

Bastelei

Türschild

Material:

- Bastelkarton in Wunschfarbe und -größe
- Klebstoff und Klebefilm.
- Klammerhefter
- getrocknete und gepresste Herbstblätter
- diverse herbstliche Naturmaterialien aus Wald, Wiese und Garten (nicht zu groß, nicht zu schwer)

So geht's:

Verschiedene Herbstblätter und andere Naturmaterialien als dekorativen Rahmen auf einen rechteckigen Bastelkarton kleben bzw. heften; Das Schild nach Wunsch beschriften.

Variation:

Mit getrockneten Blättern, Klebstoff, Stiften und etwas Fantasie können auch lustige Tierfiguren gestaltet werden – für Türschilder, Tischkärtchen, Einladungen u. V. m.